KB070498

지금은 없는 시민

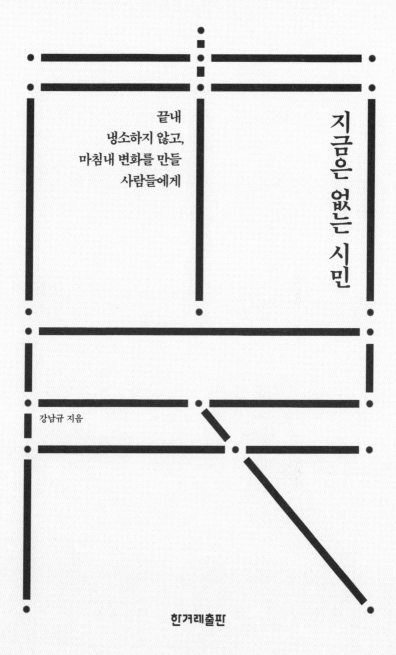

끝내
냉소하지 않고,
마침내 변화를 만들
사람들에게

지금은 없는 시민

강남규 지음

한겨레출판

시스템주의자와 의인 사이, 시민의 자리

여기 '시스템주의자'(편의상 이렇게 부르도록 하자)들이 있다. 이들은 사람을 구하거나 변화를 만드는 일은 시스템(또는 구조. 제도)이 해야 할 일이라고 주장하는 부류다. 그리고 자연스럽게 다음의 주장이 따라붙는다. 어떤 위기 상황을 극복할 책임은 시스템에 있으니, 자신에겐 뭘 요구하지 말라는 것이다. 반대편엔 '의인'들이 있다. 누구도 요구하지 않았지만 위기 상황에서 누구보다 앞서 행동하는 사람들이다. 이들은 시스템이 갖춰지지 않았거나 혹은 시스템조차 어찌할 수 없는 어떤 상황에서 선한 의지 하나로 사람을 구한다.

우리는 의인의 이야기를 전해 듣길 좋아한다. 그들의 숭고한 행동을 칭송하면서, 아직도 이런 의인들이 우리 사회에 있음에 감사해한다. 동시에 우리는 시스템주의자처럼 이야기하길 좋아한다. 사람의 선한 의지가 아니라 잘 갖춰진 시스템이 필요하다고 선을 긋는다. 시스템주의자들의 이 말은 옳다. 우리에겐 어떤 숭고한 행동을 해야 할 법적인 의무와 책임이 없다. 그러나 여기서 고민을 끝낼 수 없다. 단지 '시스템이 필요하다'라고 말하는 것만으로는 아무것도 구하지 못하고 아무것도 바꿔내지 못한다. 누구도 책임지지 않으면서 시스템이 바뀌기만 기다리는 그 공백의 영역에서 비극은 반복된다.

세월호 참사 이후의 한국 사회에서 많은 고민들이 그러하듯, '의인'과 '시스템주의자'에 대한 고민도 세월호 참사로부터 시작됐다. 2014년 4월 16일 오전, 청와대 상황실장이 해양경찰청 본청에 전화를 걸어와 사고 상황에 관해 이것저것 묻는다. "VIP(대통령) 보고 때문에 그런데 영상으로 받으신 거 핸드폰으로 보여줄 수 있느냐"는 요구까지 한다. 청와대의 요구는 해양경찰청 본청을 거쳐 현장 구조작업에 나가 있는 경비정(123정)에까지 내려간다. 〈한겨레21〉 취재 내용과 〈그것이 알고싶다〉 방송에 따르면, 세월호가 서서히 침몰하는 그 시각 청와대와 해양경찰청 본청은 '보고용 사진 촬영'과 '구조인원수 카운팅'에만 집착했고, 현장의 경비정은 구조가 아니라 그 요구에 응답하느라 바빴다고 한다.

　그들이 의도적으로 구조를 하지 않은 걸까? 그보다는 어떤 종류의 시스템이 구조행위를 불가능하게 만든 것 같다. 그들에게는 분명 시스템이 있었다. 청와대라는 '컨트롤타워'로부터 출발하고 해양경찰청 본청이라는 상부조직을 거쳐 123정이라는 현장으로 연결되는, 하나의 명령체계다. 각각의 행위자들은 이 연쇄적인 명령체계의 지시에만 충실했을 뿐, 그들이 이 시스템에서 수행하는 일의 '목적'에 대해서는 고민하지 않았다. 그건 책임질 리더에게만 중요한 것이라고 미뤘다. 바로 여기가 '공백의 영역'이다. 명령에 복종하도록 시스템이 만들어졌을 뿐이니 옳은 일을 하길 바란다면 먼저 시스템을 바꿔오라고 말하는 사람들의 세계에서 이 공백의 영역은 도무지 채워지질 않는다.

　'사람의 선의에 기댈 것이 아니라 시스템이 바뀌어야 한다'는 말은 대체로 옳지만, 현실에서 이 말이 늘 옳게 작동하지는 않는다. 먼저 시스템이 바뀔 수 없는 구조적 상황이 있다. 예컨대 '안전보다 이윤'을 좇아야 생존할 수 있도록 설계된 사회이기 때문에 안전을 위한 시스템이 뒷전으로 밀려나는 상황이다. 결국 구조를 바꿔야 할 일인데, 구조를 바꾸겠다는 정치세력에 권력이 주어지지 않으면 시스템도 바뀌지 않는다. 한편 완전하게 돌아가는 시스템을 구축하려면 충분한 시간이 필요하다는 점도 고려해야 하고, 아무리 잘 구축된 시스템이라고 해도 종종 사각지대가 존재한다는 점도 간과할 수 없다. 나아가 모든 것을 인공지능-기계로 대체할 수 없는 한, 시스템을 운영하는 것은 결국 불완전한 '사람'이라는 자명한 사실에 이르면 저 옳은 말을 다시 생각하게 된다. 정말로 시스템을 바꾸자는 말로 충분한 걸까?

그것이 충분치 않다고 생각하기에, 시스템이 아니라 사람의 일을 이야기하게 된다. 의인들이 그러하듯, 사람은 지배적인 구조를 거스르며 스스로 옳은 것을 고민하고 행동할 수 있다. 구조를 바꾸겠다는 정치세력을 만들고 지지하는 일도 사람의 몫이다. 시스템이 미처 구축되지 못한 상황에서도 사람은 전문성과 판단력을 발휘해 일을 해낼 수 있다. 시스템이 바라볼 수 없는 사각지대를 사람은 바라볼 수 있다. 망가진 시스템을 청산하는 일도, 좋은 시스템을 세우는 일도 모두 사람의 일이다. 옳은 일을 하는 사람들이 있는 사회라야 비로소 시스템은 제 기능을 다할 수 있다.

2019년 말 갑작스럽게 찾아와 지금까지도 전 세계를 괴롭히고 있는 코로나19 팬데믹 사태가 정확히 그렇다. 확산 초기 전염병을 통제할 시스템이 아직 충분히 구축되지 못했을 때, 그리고 어느 정도 시스템이 구축된 이후에도 시민의 역할은 무엇보다 중요했다. 제아무리 신속하고 정확한 역학조사를 펼치고 그때그때 필요한 방역조치를 취한들, 시민의 협조 없이는 완벽하게 작동할 수 없었다. 시민들의 자발적인 '사회적 거리두기' 참여와 적극적인 개인 방역, 사회적 약자들에 대한 한발 앞선 양보와 희생이 있었기에 우리는 비교적 안정적으로 코로나19 시대를 살아 낼 수 있었다. 물론 그 과정에서 의료·택배·배달 등 사회필수영 역에서 과로를 요구받은 노동자들이 있었고, 자영업자와 비정규 직 노동자 등 양보를 요구받으면서도 제대로 보상받지 못한 시민 들이 있었다는 점도 잊어서는 안 되겠지만, 시민들이 각자의 자 리에서 제 역할을 다하지 않았다면 지금 수준의 방역도 불가능했 을 것이다.

이처럼 '시스템이 바뀌어야 한다'는 말만으로는 해결될 수 없는 어떤 공백의 영역에 시민의 자리가 있다. 그 자리를 소수의 특별한 의인들에게만 맡겨놓지 말자는 얘기를 하고 싶었다. 좋은 시스템의 작동을 불가능하게 하는 이 구조를 바꾸는 일에 함께하 자는 얘기를 하고 싶었다. 함께 책임을 나누고, 부담을 덜고, 옳 음을 따르는 마음을 모아 좋은 '사회'를 만들자는 얘기를 하고 싶 었다.

다시 말해 우리 사회의 핵심 구성원리인 민주주의를 어떻게 급진적으로 사유할 것인가에 관한 얘기다. 민주주의를 급진적으 로 사유한다는 말은 그 개념을 뿌리부터 다시 살핀다는 뜻이다. 민주民主, 즉 '시민이 한 사회의 주인'인 것이 민주주의의 근본원 리다. 자신의 집을 일부러 더럽히고 망가뜨리는 사람이 흔치 않 은 것처럼, 우리가 '사회'라는 집의 주인이라면 이 사회를 유지하 고 발전시킬 책임이 있는 것이다. 이 지점에서 서로 돕고 연대하는 좋은 사회를 만드는 것은 시민인 우리가 할 수 있는 '선의의 행위'이면서 동시에 '당위적 책임'이 된다. 현대 사회에서 입법자와 통치자를 선출하는 일이나 다수결 논리로만 오해되고 있는 민주주의라는 개념을 처음부터 다시 고민함으로써 그 의미를 복원하고 확장할 때, 비로소 우리는 더 나은 세상에 살게 될 것이라고 믿는다.

이 책에 실린 대부분의 글이 바로 그런 고민으로부터 출발했다. 중앙일간지 〈경향신문〉, 매체비평지 〈미디어스〉, 그리고 한국노동안전보건연구소에서 발행하는 월간지 〈일터〉에 2019년 말부터 2021년 초까지 연재한 글들을 묶었는데, 달리 말해 문재인 정부 임기의 한복판이라서 나온 고민이다. 문재인 정부 탄생 이후 이른바 '깨어있는 시민'들은 시민으로서의 정체성보다 지지자로서의 정체성을 앞세우기 시작했다. 즉 시민으로서 사회적 문제에 직접 관여하고 민주주의를 확장하는 대신, 지지자로서 문재인 정부에 정치적 당위를 위탁하고 정부를 엄호하는 데 주력했다. 이런 흐름은 여당이 제21대 총선에서 압도적 승리를 거둔 뒤에 심화됐다. "시민의 승리"로 탄생했다는 정부에서 역설적으로 "시민의 후퇴"가 일어난 것이다. 그래서 민주주의를 급진화하는 '시민의 자리'를 얘기할 필요가 있다고 생각했다.

민주주의가 우리 사회의 핵심적인 구성원리라면 정치, 언론, 시민사회, 그리고 노동은 민주주의 원리하에 작동하는 우리 사회의 중요한 영역들이다. 이 책의 장은 그 각각의 영역을 기준으로 나뉘어 있다. 각각의 영역에서 시민인 우리가 어떤 역할을 할 수 있는지, 혹은 어떤 고민을 나눠야 하는지를 이야기하고자 했다.

1장에서는 제도정치의 행위자들에 대한 이야기를 담았다. 시민을 향하지 않는, 혹은 시민과 함께하지 않는 정치세력을 비판하면서, 좋은 정치가 나아가야 할 방향을 제시한 글들을 묶었다. 한편 2장은 제도정치와 영향을 주고받는 시민의 역할에 대한 이야기다. 시민이 무력할 때 정치는 방만해지곤 한다. 시민이 정치를 혐오할 때 제도정치 행위자들은 간편하게 그 위에 올라타곤 한다. 제도정치를 옳은 방향으로 이끌어갈 수 있는 시민의 자리를 짚는 글들이 이 장에 실렸다.

3장은 언론에 관한 이야기다. 그 어떤 시대보다도 언론이 경멸받는 시대를 우리는 살아가고 있다. 언론의 책임이 크다는 말은 맞지만, 단지 언론을 비난하고 제쳐두기보다는 좋은 언론을 만드는 방법을 이야기하고자 했다. 언론이 본령을 벗어나 자극적인 기사와 진영논리로 점철된 기사를 쏟아내는 것은 사람들이 그와 같은 기사를 욕하면서도 즐겨 소비하기 때문일 테다. 그렇다면 바로 그 사람들, 즉 시민들이 먼저 균형을 잡으면서 좋은 언론에 지지를 보낼 때 언론은 도태되거나 혹은 변화한다는 것이 이 장의 골자다.

4장은 노동, 특히 산업재해에 관한 글들이 실려 있다. 산업재해에 관한 이야기이지만, 제도정치에 관한 이야기이면서 언론에 관한 이야기이기도 하고, 또 시민에 관한 이야기이기도 하다. 도저히 근본적으로 전환될 기미가 보이지 않는 이 '산재공화국'이 지속되는 데는 그 모든 영역의 책임이 골고루 있다는 이야기를 하고 싶었다. 정치가, 언론이, 동료 시민이자 동료 노동자가 산업재해와 노동 문제를 책임 있게 마주할 때 사람이 일하다 죽지 않는 사회가 비로소 온다.

마지막 장은 시민의 책임과 시민사회의 역할을 이야기하는 글들과 해외의 정치 이슈를 바탕으로 민주주의를 고민하는 글들이 묶여 있다. 여기서 늘어놓은 이야기를 그대로 담고 있는 장이다. 이 글이 다소 막연하게 읽혔다면, 마지막 장에서 보다 구체적으로 읽을 수 있을 것이다.

지난 1년 6개월간 이런저런 글을 쓰면서 매번 망설였다. 인간의 선함과 시민의 자발성을 전제한 이야기는 언제나 나이브하다는 비판에 부딪칠 수밖에 없다는 사실을 스스로 잘 안다. 그럼에도 그 전제를 별다른 논증 없이 고집스럽게 밑바탕에 깐 것은 일종의 믿음이다. 시민의 선한 의지 없이 우리 사회가 지속될 수는 없다고 믿기에, 사회의 지속을 바라는 입장에서는 시민이 선한 의지를 발휘할 수 있다는 사실을 의심할 수 없었다. 그러므로 '나이브하다'는 비판에 이렇게 답할 수밖엔 없다. 나는 앞으로 더욱 더 적극적으로 나이브할 것이라고. 오늘도 각자의 자리에서 더 나은 사회를 위해 분투하고 있는 동료 시민들의 존재가, 내 믿음의 강력한 근거다.

2021년 봄
강남규 씀

3장 '해장국 언론'을 넘어서

4장 꽃조차 놓이지 않은 죽음

5장 '시대의 기후'를 만드는 사람들

1장

진짜 정당은 어디에 있는가

허경영과
1000명의 출마자가
던지는 질문

온갖 기행으로 유명한 허경영 씨는 매주 토요일 대중강연을 연다. 위치는 서울 종로3가, 서울지하철 1·3·5호선이 교차하는 주요 환승역이자 노인들의 모임터로 알려진 탑골공원이 있는 곳이다. 허 씨는 2009년 7월 이후 지금까지 줄곧 이 강연회를 이어오고 있다고 한다.

그가 이번 제21대 총선을 앞두고 정당을 하나 만들었다. 이름은 국가혁명배당금당(현 국가혁명당). 그가 만든 당답게 주요 공약들이 허무맹랑하다. 온갖 명목의 현금 지급 공약과 유엔 본부를 판문점으로 이전하자는 공약, '내수경제를 위축시키는' 일명 '김영란법'을 폐지하자는 공약 등이 있다. 서로 잘 어울리지 않는 '시장경제'라는 원칙과 '복지국가 건설'이라는 지향이 정교하지 않게 섞여 주장된다. 그럼에도 다수의 공약들이 세밀하고 구체적으로 분류된 수혜대상과 수혜조건을 강조하고 있어 현혹되기 쉽다는 점은 언급해둘 만하다.

이 당은 제21대 총선 예비후보 등록 기간 동안 제법 화제가 됐다. 우선 출마자 수를 보자. 2020년 3월 1일 기준으로 무려 977명이 예비후보자로 등록했다. 전체 출마자의 약 40%다. 전과 전력도 심상찮다. 출마자의 30% 이상이 전과가 있다. 음주운전과 성범죄, 심지어는 살인 전과자까지 있을 정도다. 그런데 찬찬히 뜯어보면 나이, 학력, 직업, 성비도 보인다. 그들 대부분이 50대 이상의 중장년이며 더러 80대 출마자도 있다. 언론 취재에 따르면 출마자 중 절반이 학력란을 비워뒀거나 중졸 이하라고 한다. 이들의 직업은 정말로 현실적이다. 요양보호사, 용달화물운전자, 미화원, 건설노무자, 마트 캐셔, 백화점 아르바이트, 기계청소부, 택배기사, 페인트공이 대거 예비후보자로 나섰다. 성비는 어떨까. 믿기 어렵겠지만, 출마자들의 성비는 일대일에 가깝다.

좀 더 구체적으로 세종특별시 선거구를 예로 들어보자. 이 선거구에서는 3월 1일 기준으로 총 39명이 예비후보로 등록했고, 그중 24명이 국가혁명배당금당에서 나왔다. 더불어민주당·미래통합당(현 국민의힘)·민생당·정의당과 무소속으로 출마한 15명의 예비후보들은 예상 가능하다. 여성은 단 한 명. 전원이 4년제 대학교 이상을 나왔으며, 현직 의원, 대학교수, 기업가, 변호사, 연구원장, 보육시설대표자 등 '알 만한' 직업을 가졌다. 나이는 40대부터 60대까지다. 그렇다면 국가혁명배당금당의 24명은? 여성이 16명, 남성이 8명으로 여성이 두 배나 많다. 대졸 이상의 학력을 가진 후보가 10명, 나머지 14명은 초졸·중졸·고졸·검정고시 등의 학력을 가졌다. 24명 중 13명이 60대 이상의 장년층이다. 1993년생 예비후보도 한 사람 있다. 직업도 다채롭다. 요양보호사, 용달화물운전자가 있고, 주부 또는 무직자도 다수다.

　나이나 학력, 직업만으로 한 사람을 판단할 수는 없고 그래서도 안 되지만, 다소의 위험성을 감수하고 그들의 사회적 지위를 짐작해보자. 허경영 씨의 강연이 열리는 장소와 국가혁명배당금당의 선심성 공약들이 어필하는 사회적 계층, 예비후보들의 나이와 학력, 직업을 통틀어 보았을 때 이들의 사회적 지위가 부자와 빈자 중 어느 쪽에 더 가까울 것 같은가? 청년 당사자 정치가 유효하다면 이들의 장년 당사자 정치도 유효할 것이며, 노동자 당사자 정치가 유효하다면 이들이야말로 바로 그 노동자 당사자들이다. 이들의 출마는 간단히 농담거리로 삼고 넘어갈 수 있는 문제가 아니다.

　물론 국가혁명배당금당은 정상적인 정당이라기엔 문제가 많은 '사이비 정당'이다. 공약들은 실현 가능성을 찾기 어려우며 정치적 책임성도 찾아보기 어렵다. 1인의 사당이라는 느낌을 도무지

지울 수가 없다. 당 로고부터가 허경영 씨를 형상화한 모양일 정도다. 한편으론 '사이비 종교'스러운 면모들도 보인다. 허경영 씨는 강연에서 스스로를 '신인神人'이라 칭하고, 지지자들에게 선거에 출마하면 '백궁'이라는 천국에 도달할 수 있다고 독려하는 식이다.

그래서 국가혁명배당금당의 '당사자 1000명의 예비후보 출마'라는 성과를 아프게 주목한다. 이 '사이비 정당'이 종로3가에서 10여 년간 꾸준히 사람들을 모아오는 동안 '진짜 정당'들은 어디서 누구를 모아내고 있었던가. 이 '사이비 정당'이 요양보호사, 미화원, 백화점 아르바이트, 페인트공들과 만나길 주저하지 않는 동안 '진짜 정당'들은 어디서 누구와 만나고 있었던가. 이 '사이비 정당'이 비록 현실성은 떨어지지만 듣기에 구체적인 정책을 피부에 와닿게 제시하는 동안 '진짜 정당'들은 어떤 정책을 개발하고 또 알리고 있었던가. 왜 '진짜 정당'이 있어야 할 곳에 '사이비 정당'만이 있었는가.

'왜 가난한 사람들이 부자를 위해 투표하는가'라는 오래된 질문이 있다. 가난한 사람들을 위해 정치한다는 정당들은 늘 이 사실에 당황하며 답을 찾기 위해 노력해왔다. 하지만 정작 가난한 사람들의 삶터에서 그들과 꾸준히 만나며 무엇을 필요로 하는지 물어본 정치인과 정당은 얼마나 있었을까. 허경영과 1000명의 출마자들을 마주하여 던지게 되는 질문이다.

| 2020.03.02.

1장. 진짜 정당은 어디에 있는가

공정하게
불평등한 나라

공정함이 시대정신이라는 주장이 넘쳐흐른다. 대통령도 이 주장을 받았다. '국민들이 학생부종합전형(학종)보다 정시가 더 공정하다고 느끼기 때문에 대학입시에서 정시 비중을 확대하겠다'는 정책 방향을 내놓았다. 학종만큼이나 정시 역시 투자 가능한 자원이 많은 부유층에게 크게 유리하다는 점에서 이 방향 전환은 거의 해롭다고 느껴질 정도이지만, 일단 그 점은 잠시 접어두고 '국민들이 공정함을 원한다'라는 말에 대해서만 얘기하자.

정시 비중 확대 정책이 발표되자 가장 먼저 들썩인 건 다름 아닌 사교육시장과 부동산시장이었다. 점수 하나로 줄 세우는 정시가 중요해지는 만큼, 얼마나 좋은 학원을 다니느냐가 당락을 좌우하게 된다는 오래된 믿음이 다시 작동할 것이라는 기대감 때문이다. 학원이 뛰면 부동산도 뛴다. 학원가가 군집한 지역들의 집값이 들썩이고 있다는 소식들이 슬금슬금 들려온다. 대표적으로 강남과 목동이 그렇다.

문 대통령이 정시 비중 확대 방안을 내놓고 얼마 지나지 않아 이번엔 유은혜 교육부 장관이 전국의 자립형사립고·외국어고·국제고등학교를 2025년까지 모두 일반고로 전환하겠다고 발표했다. 그러자 학부모들은 정책적 '무풍지대'인 과학고와 영재학교에 관심을 쏟기 시작했고, 학군 좋은 지역의 집값 역시 들썩이고 있다는 기사들이 나왔다. 모두 똑같은 일반고라고 하지만 상대적으로 교육환경이 우수한 명문 학교와 그렇지 않은 학교의 차이가 분명히 존재하기 때문이다. 어떤 지역 커뮤니티에서는 자기 지역의 자사고가 일반고로 전환되면 '아무나 갈 수 없었던 좋은 학교에 내 아이가 갈 수 있게 되는 것'이니 학군이 좋아지는 것 아니냐는 기대감들도 보인다.

기성세대야 그렇다 치고, 20대는 어떤가. 그들은 절대적으로 공정함을 선호할까? 글쎄, 조국 전 법무부 장관의 딸이나 김성태 자유한국당(현 국민의힘) 의원의 딸, 나경원 자유한국당 원내대표의 아들같이 부모의 덕으로 기회를 잡은 20대 언저리의 청년들이 공정함에 대해 무슨 말을 했다는 이야기는 들어본 적이 없다.

조국 전 장관 딸의 입시특혜를 조사하라는 집회에서 '나도 조사하라'고 나선 명문대생이 있었다는 이야기도, 여성이 취업시장에서 받아온 차별들에 대해서 남성들이 공정함을 요구하며 분노했다는 이야기도 들어본 적이 없다. 어쩌면 이들의 공정함이란 '내가 갖지 못한/할 것'에 대해서 선택적으로 분노하는 '죽창'과 같은 것은 아닐까. 달리 말하면 어떤 특혜를 가질 수 있게 된다면 굳이 공정함을 요구하고 나서지 않는다는 얘기다.

비정규직을 정규직화하자는 정책에 청년들이 '공정하지 않다'고 강력 반대하는 목소리나, 휠체어를 타야 하는 장애인 대학생의 접근권을 보장하기 위해 턱이 없는 강의실로 바꾸기로 했다는 결정에 '역차별이다'라고 분노하는 목소리들에 이르면 아예 이런 질문을 던지고 싶어진다. 도대체 이들이 생각하는 '공정함'이란 어떤 의미인가?

이처럼 공정성에 별 관심이 없거나, 사실은 공정성이 아니라 갖지 못함에 분노하거나, 차별조차 불사하는 공정성을 주장하는 국민정서 위에서 문재인 정부의 정시 비중 확대 정책은 폭넓은 지지를 받을 수 있게 된다. 이 정책이 폭넓은 지지를 받을 수 있는 이유에 대해서는 김해영 더불어민주당 의원이 10월 21일 당 최고위원회의에서 한 말을 참고하면 좋다. "많은 국민들께선 설령 정시가 확대돼 부유한 가정에서 상위권 대학을 더 많이 진학하는 결과가 된다고 하더라도, 그것이 학종으로 야기되는 불공정성보다는 더 공정하다고 판단하시는 것 같다."

2012년 대선 당시 문재인 후보의 슬로건("기회는 평등할 것입니다. 과정은 공정할 것입니다. 결과는 정의로울 것입니다.")을 빌려 표현하면 이런 얘기다. 정시는 계급과 계층에 따라 투자할 수 있는 자원에 엄청난 차이가 존재하기에 기회는 결코 평등하지 않다. 결과는 말할 것도 없다. 멀리 갈 것도 없이 우리가 살고 있는 이 시대는 '학종 이전 세대'가 만든 것 아닌가. 하지만 어쨌거나 단일한 기준으로 줄을 세우니까 '과정은 공정'하다. 공정하게 불평등한 나라, 그게 지금 우리 사회를 휘감고 있는 '공정성 담론'의 논리다.

그런데 평등한 기회와 정의로운 결과에 무관심한 기계적 공정성이 종국에 다다를 곳은 결국 불공정이다. 이는 예언적인 주장이 아닌 지금 우리가 살아가는 시대에 관한 얘기다. 다시 말해 지금 우리 사회가 불공정한 것은 과정이 불공정했기 때문이 아니라, 학력고사와 같이 '공정한 기회'로 권력을 움켜쥔 자들이 과실을 독점하기 위해 사회를 재구성한 결과라는 것이다. 조국 전 장관에게 제기된 온갖 특혜 의혹들이 대부분 '합법적'인 것으로 밝혀졌다는 점은 이를 방증한다.

좋은 학군에 살지 않으면, 좋은 대학에 들어가지 못하면, 좋은 직장에 취업하지 못하면 살아남을 수 없다. 그러니 할 수만 있다면 무슨 수를 써서라도 좋은 학군에, 좋은 대학에, 좋은 직장에 들어가야 한다. 그것들이 너무나 중요하기 때문에 그 모든 과정에서 불공정이 싹틀 수밖에 없다. 가진 자들은 안정된 삶을 누릴 수 있는 계급의 입구를 좁히려 특혜와 편법을 동원하고, 덜 가진 자들은 좁혀진 입구에 들어가기 위해 '교육 신화'와 '부동산 신화'에 병적으로 집착하며, 그보다도 덜 가진 자들은 이미 가진 것이라도 놓치지 않으려 여성과 비정규직과 장애인을 밀어낸다.

대학에 가지 않아도, 좋은 직장에 취업하지 않아도 충분히 살 만한 사회라면 이런 지옥도가 펼쳐지겠는가. 그러므로 지금 우리 사회에 정말로 필요한 담론은 공정성이 아니라 불평등 담론이다. 불평등이 해소되지 않는다면 학종이든 정시든 어떤 입시정책도 그 의도를 실현할 수 없다. 입시정책이 어떻건 더 가진 자들은 계급의 대물림을 위하여 모든 자원을 쏟아부을 것이고 갖은 편법을 동원할 테다. 지금까지 그래왔듯 말이다. 정부가 대학에 '어떻게' 가느냐가 아니라 '어떻게 해야' 대학에 가지 않아도 충분히 잘 살 수 있느냐를 두고 고민할 때라야 입시제도는 비로소 공정해질 수 있다. 2012년의 슬로건을 잊지 않았다면 문재인 대통령도 그 사실을 모르지 않을 것이라고 믿는다.

| 2019.10.29.

'사회적 합의'와
'나중에'

2017년 2월, 문재인 대통령이 후보일 때 이른바 '나중에' 사건이 있었다. 후보자의 정책 포럼에 참석한 성소수자가 연설 도중에 끼어들어 성소수자 인권에 대한 구호를 외치자, 청중들은 그를 향해 "나중에"를 연호했다. 이 사건은 미디어 스타트업 〈닷페이스〉의 편집된 영상으로 널리 퍼졌다. 이때 인권운동 진영이 이 말을 성소수자 인권은 나중에 챙기겠다는 뜻으로 받아들여 강하게 비판했고, 그러자 문 후보의 지지자들은 전체 영상을 가져와 '연설이 끝난 뒤 질문 시간이 마련돼 있으니 그때 발언하라는 취지'라고 적극적으로 방어했다.

그 후 2년 9개월이 지났다. 당시 '나중에'의 의미를 정확하게 이해한 쪽이 어느 쪽이었는지를 이제 우리는 안다. 오해한 쪽이 오히려 정확하게 이해한 것이었다. 문재인 대통령 본인을 비롯해 헌법재판관(이유정, 이은애), 장관(박성진, 정현백, 조국) 지명자 등의 인사청문회 대상자들은 각지에서 똑같은 말을 매뉴얼처럼 반복하고 있지 않은가. '동성애는 개인의 성적지향이므로 반대할 수 없으나 동성혼은 사회적 합의가 필요하다' 라고.

　　또한 당시 '나중에'가 그 의미가 아니라고 항변하던 사람들은 지금 정확히 그 의미로 동성혼 등 인권 이슈에 대해 '나중에'를 외치고 있다. 특히 조국 전 장관 사태 이후로 그들에게는 오직 '검찰개혁'만이 당장의 과제가 되어버린 나머지 비정규직의 정규직화, 주52시간 상한제같이 문재인 정부가 앞장서서 외쳤던 정책들에 대해서까지 '나중에'를 외치고 있는 풍경은 제법 의미심장해 보인다.

　　한편 '사회적 합의'로 돌아오면, 민주주의자의 관점에서 사회적 합의는 한 사회의 되돌릴 수 없는 변화를 위해 반드시 필요한 절차다. 공론의 노력이나 일정한 수준의 사회적 합의 없이 입법자들의 의지와 정치력으로 제도를 개선할 수도 있겠으나, 그렇게 개선된 제도는 시민들의 합의 수준에 따라 언제든 원래 상태로 돌아갈 수 있는 모래성과 같다. 트럼프 대통령이 취임한 뒤, 1970년대 이후로 줄곧 합법이었던 임신중절수술(낙태)이 주 단위에서 불법화되는 흐름이나 기후변화를 멈추겠다는 의지로 맺어진 파

리협정에서 미국이 탈퇴한 사건은 사회적 합의 없는 제도 변화가 얼마나 취약한지를 지나칠 정도로 끔찍하게 보여준다. "깨어있는 시민들의 조직된 힘이 민주주의 최후의 보루"라는 노무현 전 대통령의 말이 뜻하는 바가 바로 이런 것일 테다.

'인권은 합의의 대상이 아니다'라는 동성혼 지지 구호에 심정적으로 공감하면서도, 결국 고개를 젓게 되는 더욱 중요한 이유는 인권 역시 역사적·사회적으로 합의의 대상이었다는 점이다. 인간은 모두 평등하므로 동등한 권리를 지녀야 한다는 것이 인권의 개념이다. 이제는 그 누구도 부정할 수 없는 이 개념은 근대 철학자들에 의해 '고안'되기 시작했으며, 18세기 후반 프랑스 혁명기에 이르러서야 사회적으로 '선언'되었다. 그 후에도 이 개념을 무너뜨리기 위한 반동의 시도들이 있었으나, 결국 인권은 역사적·사회적으로 합의되어 오늘에 이르렀다.

'사회적 합의가 필요하다'라는 말을 이렇게 이해한다고 해도 문제는 남는데, 그 말이 늘 공허한 논평에 그치고 만다는 점이다. 한국의 정치 지형에서 대통령은 누구보다 막대한 권력과 권한을 소유하며, 사실상 사회 변화를 주도할 주된 사명을 지닌다. 그렇다면 대통령은 단순히 논평자의 위치가 아니라, 어떤 의제가 사회적 합의에 이르도록 여론을 조직하고 정치를 펼치는 행위자의 위치에서 발언해야 한다.

2019년 11월 19일 문 대통령이 '국민과의 대화'에서 또다시

"동성혼은 사회적 합의를 이루지 않았다"라고 발언한 직후 더불어민주당 성소수자위원회 준비모임에서 발표한 입장문은 이러한 사실을 명확하게 지적한다. "사회적 합의가 정말 중요하다면, 그 합의를 어떻게 이끌지 밝히는 것 역시 차별받는 국민이 없도록 노력할 의무가 있는 정부와 정당의 역할"이라는 것이다.

문 대통령이 사회적 합의를 끌어내는 정치의 역할을 모를 리는 없을 것이다. 이번 정부 들어서 가동된 두 차례의 공론화위원회가 좋은 예다. 신규 원전 건설을 중단하겠다는 공약을 실천하기 위해 신고리 원전 5·6호기 공론화위원회를 구성했고, 정시 비중 확대를 요구하는 여론이 높아지자 대입제도 개편 공론화위원회를 조직한 것이다. 물론 두 위원회가 다다른 결론이 문재인 정부의 공약 및 정책 방향과 충돌하긴 했지만, 여기서는 사회적 합의를 도출하기 위한 방법을 알고 있다는 점이 중요하다.

2018년 2월, 북한의 김여정 특사가 방북을 제안했을 때 문재인 대통령이 "여건을 만들어서 성사시키자"라고 화답했던 멋진 말을 기억한다. 문 대통령은 기어이 '여건을 만들어' 남북정상회담을 성사시켰고, 이는 문재인 정부의 최대 성과로 길이 남을 것이다. '여건이 되면' 하는 것이 아니라 적극적으로 '여건을 만들어서' 해내는 것, 그것이 정치의 본령이다. 문재인 정부가 동성혼 합법화의 여건을 만들어나가는 첫 정부가 되기를 진심으로 기대하고 바란다.

| 2019.11.25.

'1호 공약'에
없는 것

꼭 10년 전 제5회 지방선거가 있었다. 흔히 명명되기로 '무상급식 선거'였다. 무상급식 공약이 그야말로 전국을 휩쓸었다. 선거 구도가 무상급식에 대한 찬반 여부로 선명하게 나뉘었고, 나아가 '보편적 복지 대 선별적 복지'의 구도로 확장됐다. 한국 사회의 패러다임에 관한 논쟁으로 발전한 것이다. 그 결과 처음에는 당시 여당(한나라당)에 유리할 것으로 전망됐던 선거가 야당의 승리로 정리됐다. 무상급식을 전면에 내건 후보들이 대거 당선되며 한국 사회는 보편적 복지의 시대로 패러다임 전환을 시작했다.

선거의 첫 번째 기능은 물론 누군가를 뽑거나 뽑지 않는 것,

1장. 진짜 정당은 어디에 있는가

즉 선출이다. 하지만 제5회 지방선거에서 잘 드러났듯이 선거는 사회적 합의를 도출하는 계기로서 탁월한 기능을 발휘하기도 한다. 정치인과 정당들은 오늘날 우리 사회가 나아가야 할 방향을 정책 공약으로써 제시하고 논쟁하며, 시민들은 여론과 투표로써 특정 방향을 승인한다. 전체 시민의 의사가 득표수로 명확하게 표현되는 선거의 특성이 이를 가능케 한다.

　그래서 정책 논쟁이 없는 선거는 그 결과와 상관없이 뒷맛이 찝찝하다. 정권 수호든 심판이든 어떤 정치적 결과를 이뤘더라도, 시민들이 무얼 원하며 어떤 사회에 살고 싶은지를 확인하고 합의하지 못한 선거는 반쪽짜리에 그칠 수밖에 없다. 제21대 국회의원 선거가 두 달 앞으로 다가온 지금, 우리는 무엇을 이야기할 것인가? 가장 중요한 단 하나의 주제가 있다면 역시 불평등 문제다. 이른바 '조국 사태'를 경유한 지금은 특히 자산과 세습의 불평등 문제가 화두다. 지난 수십 년간 질주해온 '각자도생의 신화'를 멈춰 세우고 새로운 패러다임으로 전환할 최선의 타이밍은 지금이다.

　그런데 거대 양당이 내놓은 '1호 공약'을 보면 무슨 생각들을 하고 있는지 잘 모르겠다. 1호 공약은 하나의 공약을 넘어 그 정당이 지향하는 사회를 보여준다는 상징적인 의미가 있을 텐데, 이들의 공약에는 아무런 시대정신이 보이지 않는다. 공공 와이파이 확대(더불어민주당)나 고위공직자범죄수사처, 일명 공수처 폐지

(자유한국당) 같은 것들이 1호 공약으로 발표되는 풍경을 보고 있자면, 조국 사태로 그렇게나 시끄러웠던 작년이 마치 꿈처럼 느껴질 정도다.

정의당의 1호 공약은 드물게 흥미로운 공약 중 하나다. 청년기초자산제, 만 20세가 된 모든 청년에게 3년에 걸쳐 1000만원씩 총 3000만원을 '기초자산'으로 지급하겠다는 정책이다. 청년들이 이 기초자산을 대학 학자금, 주거비, 초기 창업자금 등으로 활용하여 자립할 수 있도록 하겠다는 것이다. 정의당은 극심해진 불평등에 대처하기 위해 이 정책을 내놓았다고 강조한다. '부모 찬스가 아니라 사회 찬스'라는 말로 요약되는 이 정책은 소득 격차를 넘어 자산 격차를 쟁점화하며, 불평등 해소의 책임이 국가에 있다는 점을 분명히 한다.

물론 냉정하게 평가하면 청년기초자산제의 정책 설계가 완벽하다고 할 수만은 없다. 적어도 지금까지는 그렇다. 이제 막 사회에 진입한 청년에게 3000만원을 지급한다고 만연한 불평등이 단번에 해소되진 않을 것이다. 오늘날 불평등이 청년세대에만 있는 것도 아니다. 십수조 원에 달하는 현금이 갑작스럽게 시장에 유통되어 발생할 경제학적인 문제도 해결해야 하고, 결국 그 막대한 돈이 사학재단과 건물주에게 흘러가 그들의 배만 불려주는 것은 아닌지도 우려된다.

하지만 이 모든 우려에도 불구하고 정의당의 청년기초자산

1장. 진짜 정당은 어디에 있는가

제를 단지 '불매'하는 것이 아니라 그것을 매개로 삼아 치열하게 논쟁할 필요가 있다고 믿는 것은, 이 정책이 상징하는 패러다임의 전환 때문이다. 더는 불평등을 심화시킬 수 없으며, 불평등을 해소하기 위해 무엇이든 해야 하고, 그러한 책임은 개인이 아니라 국가에 있다. 이 명료한 아이디어가 영원한 상식이 되는 새로운 시대의 출발점으로 이 공약이 논쟁되기를 기대한다. 제5회 지방선거로부터 10년이 지난 오늘날, 책임 있는 그 어떤 정치세력도 무상급식에 반대하지 않게 되었듯이.

| 2020.02.03.

금태섭 낙마와
비례대표

2020년 4월에 열리는 제21대 총선은 '첫 연동형 비례대표제 선거'다. 정치개혁론자들의 오랜 투쟁과 정당들의 지난한 타협의 과정을 거쳐 마침내 도달한 작은 변화다. 큰 물줄기를 바꿨다는 점에서는 분명한 '변화'다. 하지만 총선을 앞두고 마주하는 몇몇 풍경들은 그것이 얼마나 '작은' 변화였는지에 대해서만 더욱 실감케 한다.

한 줄로 요약하여 설명할 수 없을 만큼 복잡한 이번 선거제도 개정안이 반쪽짜리에 그친다는 지적은 진작부터 나왔다. 우선 비례대표 총 의석수를 단 한 석도 늘리지 못했다. 전체 국회의원정수를 늘리는 데도 실패했다. 무엇보다 비례대표의 존재 의미에 관해 논쟁하고 사회적 합의를 이루는 과정이 전무했다. 진작 던져졌어야 할 질문을 뒤늦게 던져본다. 왜 비례대표가 필요한가?

이 물음에 답하기 위해서는 꼭 4년 전, 제20대 총선을 앞두고 펼쳐진 '국민보호와 공공안전을 위한 테러방지법에 대한 수정안(테러방지법)' 반대 필리버스터 기록을 돌아볼 필요가 있다. 당시 더불어민주당·국민의당·정의당 세 당의 국회의원 38명이 필리버스터에 나섰다. 이들 중 비례대표 의원이 15명이었다. 제19대 국회에서 여당인 새누리당(현 국민의힘)의 25명을 제외한 비례대표 의원이 29명이었으니, 야당 비례대표 의원의 과반수가 참여한 셈이다. 전체 국회 의석으로 따지면 당시 국면에서 비례대표 의원들의 활약은 더욱 두드러진다. 필리버스터 참여 의원 중 약 40%가 전체 의석수의 18%에 불과한 비례대표 의원인 것이다. 반면 3선 이상의 지역구 의원은 9명에 그쳤다.

테러방지법이라는 이슈는 분류하자면 '지역구 이슈'보다는 '전국 이슈'로 볼 수 있다. 지역구 선거에서는 테러방지법에 대한 입장을 공약으로 내걸어봐야 별 소용이 없다. 하지만 전국 이슈를 다루는 비례대표 선거에서 테러방지법은 유권자에게 주요한 판단 기준이 된다. 역할론으로 살펴봐도, 전국 이슈는 지역민의 이해관계를 다루는 지역구 의원보다는 특정한 지역을 거점으로 두지 않은 비례대표 의원에게 어울린다. 선거를 코앞에 두고 벌어진 필리버스터에 비례대표 의원들이 중심적으로 나섰던 것은 이렇게 이해될 수 있다. 그렇다면 왜 비례대표가 필요한가? 지역구민의 눈치를 살피지 않으면서 전국 이슈를 폭넓게 다루기 위해서다.

금태섭 더불어민주당 의원의 당내 경선 패배는 이러한 비례대표의 의미를 다시 생각하게 만든다. 금 의원은 제20대 국회에서 상당한 존재감을 발휘했다. 더불어민주당보다 왼쪽에 있는 진보주의자들에게 특히 그러했는데, 그는 298명의 동료 의원들 모두에게 《82년생 김지영》(민음사. 2016)을 선물하고 서울퀴어문화축제에 참석해 인증샷을 올리는 등 '리버럴한' 가치를 적극 옹호하는 몇 안 되는 국회의원이었다. 그는 수사과정에서 피의자의 인권을 보장하는 법안을 적극적으로 발의하기도 했다. 청와대 홈페이지 국민청원에 '소년범 강력처벌' 주장이 뜨거운 동의를 받는 와중에도 그는 소년범의 처벌이 아닌 재사회화에 초점을 맞춰야 한다고 반론했다.

더불어민주당의 핵심 지지자들에게는 조국 전 장관을 향한 비판과 고위공직자범죄수사처 설치 및 운영에 관한 법률(공수처법)에 대한 기권표 행사 등의 이유로 '배신자'로 불리기까지 했다지만, 어쨌거나 인권의 측면에서 보면 금 의원은 제20대 국회에서 가장 인권 친화적인 의원이었다고 평가할 수 있겠다. 그런 그가 당내 경선에서 탈락했다. 패배 원인에 대해서는 두 가지 분석이 나왔다. 하나, 조국 전 장관을 향한 질타와 공수처법 투표에서의 기권으로 미운털이 박혀 당원들의 지지를 얻는 데 실패했다는 것. 둘, 지역구 관리에 소홀했던 나머지 지역 여론을 얻는 데 실패했다는 것. 특히 두 번째 분석에 따르면 그가 지역 내 권리당원 및 유권자들을 충분히 만나지 못했다는 것이다.

두 번째 이유는 비례대표의 의미를 다시 사유하게 만든다. 당 주류가 받지 못하는 페미니즘과 퀴어 이슈에 적극적이었고, '국민감정'을 거스르면서까지 피의자 인권을 보장하고 소년범의 강력처벌에 반대한 그의 행보는 말하자면 비례대표 의원의 역할에 가까운 것이었다. 그런 그에게 지역구 선거란 지난 4년간의 의정활동의 성과를 평가받는 자리라기보다는, 그와 상관없이 또 다른 '정치'를 벌여야 하는 무대였을 것이다. 보편적 가치보다는 지역의 이익이, 4년간 증명해온 실력보다는 최근 몇 개월간 쌓아온 스킨십이 큰 힘을 발휘하는 그 무대에서 금태섭 의원은 패배했다. 물론 그것이 지역구 선거제도의 '합의된 룰'임을 금태섭 의원도 받아들였을 것이므로 그의 패배는 온전히 그의 책임이겠지만.

그가 처음부터 비례대표로 출마했다면 어땠을까. 성공적으로 초선 임기를 마무리하고, 다시 비례대표 후보로 재선에 나서는 것이 자연스럽고 당연한 정치문화로 여겨졌다면 어땠을까. 비례대표가 '국회의원이 되는 쉬운 길'이 아니라 '보편적 가치에 집중할 수 있도록 지역구 부담을 제거하는 길'로 정확히 이해되는 사회였다면 어땠을까. 그랬다면 우리는 다음 4년 동안에도 인권에

천착하는 국회의원을 한 사람 정도는 더 가질 수 있었을지도 모르 겠다. 하지만 지금 우리의 정치문화는 비례대표에 그다지 호의적 이지 않다. 그래서 많은 초선 비례대표 의원들이 재선에 임하면서 는 낡은 지역구 선거의 문법으로 회귀하곤 했다.

앞으로의 선거제도 개편 논쟁은 비례대표의 역할에 대한 논 의를 중심으로 이뤄져야 한다. 왜 비례대표가 필요한가? 우리 사 회가 나아갈 미래에 필요한 것은 지역구 선거제도가 도출하는 가 치인가, 아니면 비례대표 선거제도가 도출하는 가치인가? 지난날 의 정치개혁은 그러한 질문 없이 정치적으로 타협될 수 있는 제도 설계에만 매몰되어 만들어진 결과였다. 우리가 그 결과물로 마주 하고 있는 것은 비례대표가 정치게임의 수단으로 전락한 나머지 미래한국당이니 비례연합정당이니 하는 아사리판이 난무하는 현 실이다.

| 2020.03.17.

코로나가 무너뜨린
민주주의의 원칙

대한민국에는 선상부재자투표제도라는 게 있다. 배를 타고 바다에 나가 있어 투표에 참여할 수 없는 유권자들을 대상으로 배 위에서 팩스로 투표할 수 있도록 지원하는 제도다. 2005년에 원양어선 선원들이 선상 생활을 하는 유권자들에 대한 투표권이 보장되지 않는 데 대해 헌법소원을 제기했고, 헌법재판소가 2007년에 헌법불합치 판결을 내렸다. 이후 여러 논의를 거쳐 2012년에 이르러서야 본격적으로 도입됐다.

판결의 요지는 명료했다. 민주주의 국가의 국민이라면 누구나 직관적으로 이해하고 있는 애기다. "선거권은 국민주권의 원리를 실현하기 위한 헌법상 가장 기본적이고 필수적인 권리로서 … 일반인에 대한 선거권의 제한은 불가피한 예외적 사유가 존재할 경우에만 정당화될 수 있다." 정부는 가능한 모든 수단을 동원해 유권자의 선거권을 보장할 의무가 있다는 뜻이다. 달리 말해 선거권을 보장하지 못하는 나라는 국민주권의 원리를 무너뜨린 것이라고도 할 수 있겠다.

선상투표자의 숫자가 많지는 않다. 참여율이 아주 높은 것도 아니다. 제20대 총선을 기준으로 보면 전체 대상자는 약 1만 명이고, 그중 28% 정도가 선상투표 의사를 신고했다. 그중 실제로 투표에 참여한 사람은 2611명이었다. 제20대 총선의 전체 투표자가 약 2400만 명이었으니, 선상투표가 미치는 영향은 극히 미미한 수준이다. 하지만 여기서 중요한 것은 투표의 영향력이 아니라 투표를 보장해야 한다는 '원칙'이다. 3000명이 채 되지 않는 유권자의 선거권을 보장하기 위해 국가는 선상투표제라는 별도의 제도를 도입했다. 선거권을 보장하는 것은 그만큼 심각하고 중요한 문제다.

2007년 헌법재판소가 선상투표제의 단초가 된 판결을 내린 날, 또 하나의 판결이 있었다. 재외국민의 선거권을 제한하고 있는 공직선거법이 헌법에 불합치한다는 것이다. 헌법재판소는 다음과 같이 판결요지를 밝혔다. "선거권의 제한은 그 제한을 불가피하게 요청하는 개별적, 구체적 사유가 존재함이 명백할 경우에

1장. 진짜 정당은 어디에 있는가

만 정당화될 수 있으며 … 국가의 노력에 의해 극복될 수 있는 기술상의 어려움이나 장애 등의 사유로는 그 제한이 정당화될 수 없다." 선상투표에 관한 판결과 거의 동일한 취지다.

그렇게 보장된 재외국민의 선거권이 13년 만에 다시 제한되고 있다. 코로나19가 그 원인이다. 세계 각국에서 '사회적 거리두기'를 위해 자가격리 권장, 외출 제한 등의 조치를 취하고 직항 노선 운항을 중단하면서 투표함 회송이 어려워졌다. 그러자 미국을 필두로 한 51개국의 86개 공관에서 재외 선거사무를 중지했다. 이에 따라 재외 선거인 약 8만 6000명이 이번 선거에 참여하기 어려워졌다고 한다. 전체 재외 선거인 신고자의 거의 절반(49.96%)에 이르는 수다. 절대 적은 수가 아닌데, 역시 숫자는 문제가 아니다. 국가가 유권자의 선거권 행사를 보장하지 못한다는 것이 진짜 문제다. 게다가 코로나19의 확산 상황에 따라 선거에 참여하지 못하는 재외국민들이 더 늘어날 가능성도 있다.

선거권이 제한되는 유권자들이 또 있다. 3월 31일부터 증상이 의심되어 2주간 자가격리에 들어가거나 확진 판정을 받게 되는 사람들이다. 투표소에 방문할 수 없는 사람들이 우편으로 투표할 수 있도록 하는 거소투표라는 제도가 있는데, 거소투표자 접수가 3월 30일로 마감됨에 따라 앞으로 격리되는 유권자들은 투표소 방문도, 거소투표도 할 수 없게 된다. 자가격리가 개인의 자유로운 선택이 아닌 '감염병예방법'에 따른 법적 조치라는 점을 상기하면, 이는 결국 국가에 의해 참정권을 제한받는 상황이다.

결코 간단히 넘어갈 수 없는 문제들이지만, 이에 대한 사회적 반응들은 지나치게 가벼워 보인다. 대표적인 예로 이재준 고양시장은 재외국민 투표를 중단하고 그 예산으로 내국민들에게 '위기극복수당'을 지급해야 한다는 주장을 내놨다. 중앙선거관리위원회는 또렷한 대안을 내놓지 못하고 있다. 여당은 '어쩌겠나' 정도로 요약되는 논평을 발표했고, 미래통합당은 '정치적인 결정이 아니냐'는 음모론을 운운하고 있다. 포털 뉴스 댓글에서는 '안타깝지만 이번엔 쉬라'는 말들이 베스트 댓글에 오르는 상황이다.

하지만 선거권은 이렇게 가볍게 다루고 넘어갈 문제가 아니다. 단순한 행정의 문제가 아닌 국가의 의무에 대한 이야기이며, 민주주의의 근간에 대한 이야기다. 헌법재판소의 2007년 판결처럼 선거권이 "국민주권의 원리를 실현하기 위한 헌법상 가장 기본적이고 필수적인 권리"이고 "국가의 노력에 의해 극복될 수 있는 기술상의 어려움이나 장애 등의 사유로는 그 제한이 정당화될 수 없다"면, 그에 걸맞은 노력이 필요하다. 국가가 그만한 노력을 취한 적이 있는지 물을 일이다. 일정을 바꾸는 데 따르는 비용과 혼란이 두려워 지금껏 쉬쉬하다가 "이제 와서 연기를 말하기엔 너무 늦었다(《한국일보》, 2020년 4월 1일자, 「개학 이어 총선도 연기? 청와대 "회의적"」, 여당 핵심 관계자 인용)"라고 말하는 것은 무책임하다.

| 2020.04.02.

위성정당이
잡아먹은 것들

한국의 역대 어떤 선거에서도 찾아볼 수 없었던 위성정당의 출현은 제21대 국회의원 선거의 양상을 뒤집어버렸다. 케케묵은 '정권심판론'과 '적폐청산론'을 명분으로 삼아 만들어진 두 위성정당은 다시 그것들로 선거 구도를 강화하면서 다섯 가지의 중요한 것들을 잡아먹었다.

첫째, 근본적으로 정치개혁을 잡아먹었다. 2019년 한 해 동안 치열하게 줄다리기를 하다 마침내 타협되어 통과된 공직선거법 일부개정법률안, 이른바 '준연동형 비례대표제'는 기존 소선거구제의 불합리한 측면을 바꾸겠다는 취지로 제안됐다. 한 정당에 대한 지지율과 실제 의석수 사이의 현저한 차이를 보완하고, 사표 심리를 극복하여 "다양한 정책과 이념에 기반한 정당의 의회 진출을 촉진(의안 제안이유)"하겠다는 것이었다.

물론 통과 과정에서 지나치게 복잡한 수정이 가해진 까닭에, 법안이 정의당 같은 중위권 정당에 유리한 제도로 귀결된 것도 사실이다. 하지만 법안의 핵심적인 목적은 여전히 '양당에 지나치게 유리한' 선거제도를 뒤집자는 데 있고, 중위권 정당들의 약진에 기여한다는 점은 적어도 법안의 취지를 벗어나지는 않는다. 이 취지를 정확하게 거스르는 행위는 양당의 위성정당 창당이다. 그 어느 때보다도 다채로울 것이라고 기대했던 제21대 국회는, 제도의 허점을 노린 위성정당으로 인해 그 어느 때보다도 거대 양당에 편향적인 국회가 될 전망이다.

둘째, 정책선거를 잡아먹었다. 정책이 비례정당 등록을 위한 절차 정도로 소비된 것이다. 선거에 참여하는 정당들은 중앙선거관리위원회에 '10대 정책'을 제출하도록 되어 있다. 그런데 급조된 위성정당들은 이를 준비할 시간이 없었던 모양이다. 미래한국당은 미래통합당의 10대 정책을 순서만 바꿔서 냈다고 한다.

더불어시민당은 이 과정에서 우스운 꼴이 됐다. 기본소득, 한반도 이웃국가론 등 "여러 소수정당과 논의할 때 기계적으로 취합한 정책들(더불어시민당 입장문)"을 제출했다가 더불어민주당의 당론과 맞지 않아 논란이 된 것이다. 그 뒤에 기존 10대 정책을 철회했고, 더불어민주당의 10대 정책과 동일한 내용을 다시 제출했다가, 이 역시 논란이 되자 다시 철회하고 A4용지 2장 분량의 정책을 제출했다. 위성정당이 '정책'을 얼마나 가벼운 태도로 대하고 있는지 잘 보여주는 사건이다.

셋째, 정당정치를 잡아먹었다. 민주주의에서 정당은 책임정치를 가능하게 하는 장치다. 정당에는 핵심 지향 및 정체성을 밝히는 강령이 있고, 민주성을 강화하는 당헌 및 당규가 있다. 정치인 개인은 갈지자로 움직일 수도 있을지언정, 정당은 조직으로서 제도들을 갖춘 까닭에 종종 입장을 수정할 수는 있어도 큰 방향에서 벗어나지 않는다. 그래서 정당정치는 유권자들에게 신뢰를 주고 정치적 선택의 근거를 제공함으로써 책임정치를 가능하게 하는 것이다.

이러한 지점을 고려할 때, 정당이 받은 득표율을 전체 의석수에 반영하는 연동형 선거제도는 인물이 아닌 정당이 중심이 되는 정치를 강화해야 민주주의가 지속될 수 있다는 취지도 있다고 얘기할 수 있다. 선거가 끝난 뒤 본래의 정당과 합당하거나 '셀프제명'을 통해 각자의 당으로 돌려보내겠다는 위성정당의 기획은 정당정치가 가진 책임정치의 측면을 우습게 만들고 연동형 선거제도의 취지를 훼손한다.

넷째, 진보정당과 시민운동을 잡아먹었다. 이러한 점은 특히 진보진영의 비례연합정당 추진과정에서 두드러졌다. 하승수 변호사를 비롯한 시민사회계의 원로들이 비례연합정당을 추진하며 군소 진보정당들의 참여를 요구했는데, 이 과정에서 진보정당들은 크고 작은 내홍을 겪었다. 대표적으로 정의당과 녹색당의 당원들이 연합정당 참여에 대한 찬반으로 입장이 갈리며 심각한 갈등을 빚었다. 논쟁 과정에서 서로에게 상처를 입혔고, 많은 수의 당원들이 당의 결정에 반발하며 탈당하기도 했다.

상대적으로 단일한 노선을 유지하던 시민사회계도 비례연합정당 추진에 대한 찬반으로 입장이 나뉘며 갈등의 불씨를 키웠다. 그중에는 하승수 변호사가 공동대표로 활동하며 선거제도 개혁운동을 펼쳤던 비례민주주의연대도 포함되어 있다. 이 단체는 하승수 변호사가 비례연합정당 플랫폼인 '정치개혁연합'을 본격화한 직후에 "선거연합정당 창당은 비례민주주의연대 공식입장이 아닙니다"라는 제목의 입장문을 발표하기도 했다.

결과적으로 정의당·녹색당·시민사회계가 참여하는 비례연합정당은 무산됐고, 그 자리에 더불어민주당이 주도한 더불어시민당이 들어섰다. 더불어시민당은 최소한의 창당 명분을 증명하고자 비례후보 1번부터 10번까지를 군소정당(기본소득당·시대전환)과 시민사회계 인사들로 채웠다. 지켜봐야 알 일이지만, 더불어시민당에 참여한 군소정당과 시민사회계의 독립성과 견제 기능에 대한 의구심은 지속적으로 제기될 것이다.

다섯째, 정치 자체를 잡아먹었다. 위성정당을 추진하는 과정은 그야말로 추태의 연속이었다. 기다렸다는 듯이 위성정당을 만들고 '의원 꿔주기'를 자행한 미래통합당의 행태는 말할 것도 없고, 선거제도 개편(안)에 합의하고 미래통합당의 위성정당 창당 시도와 의원 꿔주기를 강하게 비판했던 더불어민주당이 똑같이 위성정당을 만들고 의원까지 꿔준 것은 추태 그 자체다.

'공언公言'의 무게가 땅바닥에 떨어졌다. 신뢰와 일관성을 무기로 삼아야 할 정당과 정치인이 한번 내뱉었던 공언을 대놓고 뒤집었다. 그렇게 말을 뒤집어 만든 위성정당은 각종 여론조사에서 20% 이상의 지지율을 보이며 선전하고 있다. 원칙이 아닌 꼼수가, 일관성이 아닌 말 바꾸기가 승리할 수 있다는 사실을 공공연히 전시한 정치는 어디에 다다르게 될까. 이제 정치인과 정당의 말을 누가 믿어줄까.

주변에서 처음으로 투표 기권을 고려하고 있다고 체념하는 말들이 나온다. 이럴 거면 그냥 비례대표제를 없애버리자는 냉소 섞인 말들이 신문 지면에 실린다. 당 이름도 구분이 안 되는데 어느새 선거일이 다가왔다며 황당해하는 사람들도 많다. 정치를 잡아먹고 자란 위성정당이 이런 난장을 만들었다.

| 2020.04.10.

가짜뉴스의
진짜 원인

2020년에 청년들이 논란의 중심에 선 두 번의 사건이 있었다. 인천국제공항공사 비정규직의 정규직화로 인한 직원들과 구직자들의 반발이 첫 번째 사건이었고, 의대 정원 확충 정책으로 인한 전공의와 의대생들의 반발이 두 번째 사건이었다. 공공기관과 의대는 한국 사회에서 들어가기 위한 경쟁이 가장 치열한 곳들이다. 다시 말해 이 두 곳에 들어간 청년들은 사회적으로 탁월한 경쟁력을 갖췄다고 인정된다는 얘기다. 그런 그들도 가짜뉴스에 당한다. 모두 '카톡발 뉴스'였다.

인천국제공항공사 사건에서는 정체를 알 수 없는 오픈 채팅

방에 올라온 메시지가 캡쳐본 형식으로 인터넷 커뮤니티에 올라와 큰 논란을 일으켰다. 비정규직으로 들어와서 '연봉 5000만원'이 된다고 정규직을 조롱하는 내용의 이 메시지는 '비정규직들의 못된 심보'를 증명하는 증거인 양 수많은 언론에 보도돼 여론을 악화시켰다.

그런데 이 메시지는 사실무근이었다(《오마이뉴스》, 2020년 6월 24일자, 「인천공항 정규직 '연봉 5000 소리 질러 카톡'의 실상」). 연봉 수준이나 채용과정, 오픈 채팅방의 정체 등 검증되지 않은 사실로 가득한 가짜뉴스의 전형이었다. 하지만 정규직화에 반대하는 청년들은 비정규직을 공격하는 수단으로 이 메시지를 사용하는 데 망설임이 없었다.

전공의 진료거부 사건에서도 '카톡발 뉴스'가 논란이 됐다. 보건복지부에서 수도권 전공의 업무개시명령을 발동한 8월 26일, '경찰이 세브란스병원을 급습했다'는 카톡 메시지가 SNS에 유포됐다. 쉬이 믿을 수 없는 내용임에도 이 메시지는 상당히 널리 공유되었다. 결국 이 메시지는 명백한 거짓으로 밝혀졌고, 서대문경찰서가 내사에 착수하겠다는 입장을 밝히기에 이른다. 이외에도 조국 전 장관의 딸과 관련한 오보 등 여론에 영향을 미치는 가짜뉴스들이 연일 이어졌다.

사람들은 왜 가짜뉴스를 거르지 못할까. 가짜뉴스가 사회적 문제로 부상한 2016년 말 이후로 많은 사람들이 이 질문에 나름의 답을 찾아왔다. 왜 거르지 못하는지 알면 어떻게 그것을 극복할지도 알 수 있기에 중요한 질문이다.

답을 찾아가는 과정은 처음부터 꼬였다. 공교롭게도 가짜뉴스를 다루는 담론이 떠오른 시기가 박근혜 전 대통령 탄핵이 가결된 직후 노인들이 주축이 된 태극기집회와 겹치면서, '사람들이 가짜뉴스를 거르지 못하는 이유'는 '노인들이 가짜뉴스를 믿는 이유'라는 워딩으로 구체화됐다. 그러자 노인들, 특히 극우화된 노인들이 지니는 속성을 중심으로 질문을 풀어가려는 시도들이 이뤄졌다. 학력과 문해력, 미디어 리터러시(media literacy: 미디어를 이해하는 능력) 등의 문제로 가짜뉴스의 수용성을 설명하기 시작한 것이다.

그러나 앞서 인천국제공항공사와 전공의 청년들의 사례를 보아 알 수 있듯이, 젊고 미디어에 익숙하며 고학력인 청년들조차 가짜뉴스를 곧잘 받아들이곤 한다. 물론 집단에서 가짜뉴스를 믿는 사람의 비중이나 가짜뉴스의 수용 수준 등을 고려하면 청년세대의 그것이 노년세대의 그것과 완전히 동일하지는 않겠지만 말이다.

가짜뉴스의 원인으로 '신뢰받지 못하는 언론'을 드는 전문가들도 있다. 기성언론이 신뢰받지 못하는 사이에 가짜뉴스가 치고 들어온다는 것이다. 언론이 신뢰받지 못하는 것은 사실이다. 로이터저널리즘연구소가 2020년에 세계 40개국의 일반 시민을 대상으로 조사한 결과에 따르면, 언론을 신뢰할 수 있다고 답한 한국인 응답자의 비율은 21%로, 조사 대상국 중 최하위다. 그런데 동시에 어떤 가짜뉴스를 팩트라고 주장하고 싶은 사람들이 "기사도 나왔지 않느냐"고 주장한다는 점도 사실이다. 언론을 신뢰하지 않지만, 언론에 나온 사실을 근거로 인용하는 것이다.

태극기 노인들과 인천국제공항공사·전공의 청년들 사이의 차이를 지우고 언론에 대한 이중적인 태도를 들여다봤을 때, 하나의 공통점이 남는다. 가짜뉴스를 믿는 것이 그들에게 유리하다는 사실이다. 가짜뉴스가 사실일 때 그들의 주장은 동력을 얻는다. 이것이 가짜뉴스가 생겨나는 근본적인 원인은 아니겠지만, 가짜뉴스가 파급력을 얻을 수 있는 한 양태인 것은 분명하다. 이 경우 가짜뉴스의 해결책으로 주로 제시되는 '팩트체크 시스템'도 대안이 되기 어렵다. 아무리 가짜뉴스를 팩트체크해도, 그것을 믿었던 사람들은 자신의 주장에 동력을 더해줄 또 다른 '사실'을 찾아 헤맬 뿐이기 때문이다.

결국 가짜뉴스는 정치가 제대로 작동하지 못한 결과라고 진단할 수 있다. 이해집단 간의 치열한 갈등이 정치라는 과정 속에서 원활하게 해소되지 못하니 집단들은 정치적 해결이 아닌 파워게임으로 이해를 관철시키려 시도하게 된다는 것이다. 파워게임의 룰은 간단하다. 갈등하는 상대방과의 대화와 타협은 고려되지 않고, 상대방을 위선적인 대상으로 매도하거나 여론으로부터 고

립시켜 영향력을 잃도록 만들면 된다. 그런 점에서 가짜뉴스가 주로 사회적·약자를 공격하거나 갈등 관계인 상대방이 여론의 비난에 부딪히도록 하는 내용으로 구성되는 것은 우연이 아니다.

가짜뉴스에 관한 논의는 2016년 말 태극기집회로 인해 처음부터 엇나갈 수밖에 없었다. 2020년의 인천국제공항공사 비정규직 정규직화 논란과 전공의 진료거부 사태는 그 논의를 원점에서 다시 시작할 수 있는 단서가 될 수 있을까.

| 2020.09.01.

'위로부터의 민주주의 실험' 이라는 형용모순

3년 전 문재인 정부가 처음 '공론화위원회'라는 의사결정 방식을 제시했을 때 반가운 마음이 앞섰다. 숙의민주주의 실험이라니. 여론도 호의적이었다. 평화롭고 타협적인 문제해결 방식이기 때문이었을까. 시민들이 평등한 주체로 참여해 공정하게 의견을 나눠 정의로운 결론을 내리는 '문제해결의 만능열쇠'처럼 여겨지는 분위기였다. 강압적으로 밀어붙이는 게 유일한 문제해결 방식이었던 박근혜 정부의 잔상이 아직 가시기 전이었으니 더욱 그랬을 것이다.

첫 실험이었던 신고리 원전 5·6호기 공론화위원회 이후 공론화위원회 모델은 전국으로 확산돼왔다. 주로 지역에서 첨예하게 대립해온 이슈들이 의제로 오르고 있다. 그런데 논란이 끊이지 않는다. 인천에서는 자체 생활쓰레기 매립지 건설, 제주에서는 외국어고등학교의 일반고 전환, 경주에서는 핵발전소 사용후핵연료 저장시설 증설과 관련하여 각각 공론화위원회를 개최했는데, 위원회를 구성하는 방식과 여론조사 문항의 설정 등을 둘러싸고 충돌이 빚어지고 있다. 결국 규칙을 설정할 권한이 누구에게 있느냐를 두고 갈등이 생겼다고 할 수 있다.

사실 정부 주도로 실시된 처음 두 번의 공론화위원회도 '완전한 민주주의'라고 보기 어려운 지점이 있었다. 앞서 언급한 지역의 사례들이 '공론화 방법'의 문제라면, 정부가 주도했던 신고리 원전 5·6호기 공론화위원회와 대입제도 개편 공론화위원회는 '의제 설정'의 문제였다. 당초 문재인 정부는 신고리 원전 5·6호기에 대해서는 공사 중단을, 대입제도 개편에 대해서는 전형 단순화 및 수시전형 단계적 축소를 대선 공약으로 내건 바 있다. 나름대로 분명한 입장이 있었다는 얘기다.

그런데 이를 공론화위원회에 부침으로써 '정치적 책임'이 실험대에 올랐다. 신고리 5·6호기를 두고 보자면, 공론화의 결과로 공사가 재개됐으니 문재인 정부는 공약을 달성하는 데 실패한 셈이다. 하지만 공약 실현의 실패를 보고하는 문재인 대통령의 표정은 오히려 밝았다. "한층 성숙한 민주주의를 보여줬다"라며 반겼다. 공사 중단 공약을 보고 투표한 국민들에겐 사과가 아닌 "권고

를 존중하고 대승적으로 수용해달라"는 일방적인 부탁만이 돌아
왔다. 대입제도 개편의 경우는 더 혼란스럽다. 2018년 8월에 '정
시 30% 이상'이라는 공론화 결과가 나왔지만, 1년간 명확한 답
을 내놓지 못하다가 '조국 사태'를 경유하며 '정시 40% 이상'으
로 비율을 키웠다. "권고를 존중해달라"던 신고리 5·6호기 당시
의 부탁을 스스로 저버린 꼴이다.

　공론화위원회 모델이 '성숙한 민주주의'로 추켜세워진 데 반
해, 처음 두 번의 공론화 이후 전국적인 이슈를 갖고 진행된 공론화
위원회는 없었다. 첨예하게 대립한 이슈가 없어서 그랬을까? 그럴
리 없다는 것은 우리 모두가 잘 안다. '2020년까지 최저임금 1만원'
공약은 공론화 과정도 밟아보지 못한 채 백지화됐고, 부동산 정책
이나 공공의료 확대 등 사회적 갈등을 야기하고 있는 대형 이슈들을
공론화위원회에 부친다는 소식은 소문으로도 들려오지 않고 있다.

　새로운 민주주의를 실험하는 일은 민주주의라는 이념이 완
성된 것이 아니라 끊임없이 진화할 수 있는 것이라는 사실을 보
여주기에 반가운 일이다. 하지만 지난 3년의 실험은 '누가 무엇을
어떻게 공론화하는가'의 문제가 공론화위원회의 핵심이며, 이는
다시 권력의 문제로 결정된다는 사실을 확인시켜줬을 뿐이다. 결
국 '위로부터의 민주주의 실험'이라는 형용모순이 다다를 수밖에
없는 결말이 아닐까.

| 2020.09.15.

진짜 벼랑 끝으로
내몰린 사람들

그야말로 '벼랑 끝 정치'다. 벼랑 끝에 내몰려 한 걸음만 물러나면 떨어진다고 믿는 위기의식으로 정치에 임한다. 추미애 법무부 장관과 윤석열 검찰총장의 끝이 안 보이는 전쟁은 상징적인 장면이다. 이 대목에 이르면 정치는 더 이상 대의나 사회적 약자를 위한 것이 아니게 되곤 한다. 정치 행위자들이 오직 조직 보위의 논리로 '내로남불'과 '나중에'를 반복하는 동안 시민들은 정치에 대한 관심을 놓아버린다.

최근 더불어민주당이 서울시장과 부산시장 보궐 선거 후보 공천을 위해 당헌을 개정한 것은 전형적인 사례다. 서울시장까지 공석이 되면서 재보궐 선거의 몸집이 너무 커졌고, 이에 따라 재보궐 선거는 정국의 향방을 결정짓는 선거가 돼버렸다. 특히 최근의 부동산 정책 이슈로 인해 국민의힘의 지지율이 빠르게 치고 올라온 점을 감안하면, 선거의 의미는 더욱 거대해진다. 상황이 이렇게 됐기 때문에 더불어민주당은 정치적인 비난을 감수하고 당헌 개정을 강행했다. 지난 총선에서 비례정당인 더불어시민당을 만든 과정과 판박이다.

이들의 위기의식은 '노무현 전 대통령 트라우마'에 기인한다. 노무현 전 대통령이 보수 야당(당시 한나라당)과 검찰, 언론에 무차별적인 공격을 당하는 동안 지지자들이 지켜주지 못했기 때문에 그를 잃었다는 것이다. 또한 적대세력들이 무차별적인 공격을 할 수 있었던 것은 정권 재창출에 실패했기 때문이라고 믿는다. 그러므로 앞선 실패를 반복하지 않으려면 문재인 대통령을 온몸으로 지켜야 하며, 정권을 빼앗기지 않도록 모든 노력을 기해야 한다. 그 과정에서 원칙이나 대의를 무너뜨리는 일쯤은 문제가 되지 않는다. 문재인 대통령 지지자들의 커뮤니티에서 어렵지 않게 관찰할 수 있는 논리다.

이런 심리를 잘 보여주는 것이 지난달 발간된 《희생양 박해와 서초동 십자가》(동연출판사, 2020)라는 제목의 책이다. 1980년대에 서울대학교를 졸업하여 일반 기업에서 일하다가 "시민들의 집단지성으로 사회개혁을 완수해야 한다는 믿음"으로 책을 썼다고 스스로를 소개하는 이범우(필명) 씨의 이 책은 노무현 전 대통령과 조국 전 장관이 당한 '박해'를 보수 연합의 '희생양 만들기 정치'라고 설명한다. 그러면서 노무현 전 대통령 때와 달리 이번에는 '서초동 집회'를 통해 희생양(조국 전 장관)이 부활하고 승리했으며, 박해자들(보수정당·언론·검찰)이 자멸했다는 서사를 풀어낸다.

벼랑 끝에선 모든 싸움이 생존의 문제로 번역된다. 생존의 문제에서 정치적 대의나 원칙은 더 이상 중요하지 않다. 더불어민주당의 당헌 및 당규 개정을 두고 '기만'이고 '내로남불'이며 도덕적 파산이라는 비판이 나왔지만 더불어민주당은 아랑곳하지 않았다. 여기서 현실주의적 논리가 동원된다. 지는 것보단 낫다는 것이다. 원칙을 지킨들 패배하면 아무것도 이룰 수 없지만, 원칙을 어겨서라도 승리하기만 한다면 무언가를 이룰 수 있다는 얘기다.

냉혹한 정치판에서 이와 같은 현실주의적 판단은 그럴듯하게 들리지만, 중장기적으로는 사회적인 해악이 되어 우리에게 돌아온다. 평소에 도덕과 원칙을 강조하던 정치세력이 이중적이고 위선적인 태도로 일관할 때, 시민들의 마음속에는 정치적 냉소주의가 싹튼다. 진보세력의 위선적인 행보를 폭로하고 조롱하는 행위를 자양분으로 삼는 '일베'라는 사회적 괴물이 '사람 사는 세상'을 구호로 내건 노무현 정부에서 '성공하세요'의 이명박 정부로 넘어가는 시기에 탄생한 것은 우연이 아니다. 벼랑 끝에 몰렸다는 구실로 정치적인 원칙을 포기함으로써 장기적으로 우리 사회를 해치는 씨앗을 뿌리고 있는 셈이다.

'원칙을 어겨서라도 승리하면 무언가를 이룰 수 있다'라는 것이 현실주의의 약속이다. 하지만 벼랑 끝이라는 위기의식은 승리를 선언하는 순간을 끊임없이 나중으로 미루게 한다. 청와대를 차지하고 대법관을 차곡차곡 우호적인 인사들로 채웠으며 국회에서 절대 과반을 이뤘지만, 차별금지법이나 중대재해기업처벌법 등 민감한 쟁점들에 대해 정부와 여당은 여전히 애매한 입장을 고수하고 있다. 이렇다 보니 더불어민주당이 어떤 정책을 펼치기 위해 집권하는 게 아니라 오직 집권만을 위해 정치를 수행하는 일종의 '집권기계'가 되어버린 것 같다는 생각도 들지만, 한편으론 이렇게 생각해볼 수 있겠다. 위기의식 자체가 막연하게 상상된 것이므로 현실에는 벼랑 끝을 벗어날 조건이 존재하지 않는 것이라고 말이다.

이들의 벼랑 끝에 내몰려 있다는 위기의식과 그로부터 비롯된 정치적인 결정들을 검토하다 보면 결국 하나의 근본적인 질문에 이르게 된다. 오늘날 정말로 벼랑 끝에 내몰려 있는 사람들은 누구인가. 여성가족부 장관으로부터 "성인지 학습기회" 운운하는 말을 들어야 하는 미투 고발자들, 차별에 시달리는 사회적 약자들, 지금도 산업재해로 죽어가는 노동자들이야말로 높고 가파른 절벽 끝에 매달린 존재들이지 않은가.

| 2020.11.18.

2장

정치와 선거는 같은 말이 아니다

15년 만의 진일보,
그 뒤의 아쉬움

마침내 선거연령이 만 18세로 하향됐다. 만 20세에서 만 19세로 하향된 지 15년 만의 진일보. 환영할 만한 일이다. 그런데 왜 이렇게 뒷맛이 찝찝할까. 이야기되어야 할 것이 충분히 다뤄지지 못한 채 선거제도와 공수처라는 최대 쟁점에 묻혀 덤처럼 통과된 느낌을 지울 수가 없다. 어쨌거나 통과됐으면 그만일까? 그러기엔 이 의제의 잠재력이 아깝다.

치열한 논쟁의 주제는 사실상 딱 하나였다. '만 18세는 선거권을 행사할 만큼 정치적으로 성숙한가?' 선거에 참여하려면 정치적으로 성숙해야 한다는 전제가 깔린 주제다. '그렇다'와 '아니다'라는 쪽이 치열하게 맞붙었으나 접점 없는 논쟁은 공회전만 반복했다.

물론 이 의제를 이끌어온 활동가들이 그렇게 간단한 논리로 선거권 연령의 하향을 주장한 것은 아니다. 이들은 이 문제를 가장 잘 알고 있는 사람들이고, 가장 오랫동안 토론해온 사람들이기 때문에 누구보다 날카롭고 정확하고 폭넓게 이해하고 있을 것이다. 묻어가듯 통과된 느낌이 있지만, 이렇게나마 통과될 수 있었던 것은 이 의제를 끝까지 지켜온 활동가들의 덕이다. 하지만 대중적인 차원의 논쟁은 대개 이처럼 단순한 지점에 머물렀다.

그런데 만 19세를 넘어가면 정치적으로 충분히 성숙해지는가? 이 질문이 먼저 던져져야 했다. 토요일 저녁 서초동에 선 40세 ㄱ씨는 같은 시간 광화문에 선 60세 ㄴ씨를 정치적으로 성숙하다고 인정할까? 그 반대의 경우는 어떤가? 같은 시간, 어디에도 서기를 거부한 30세 ㄷ씨는 그들 모두의 정치적 성숙함을 의심하고 있을지도 모른다. 평소 서로의 정치적 미성숙함을 조롱하던 사람들이 만 18세 선거권 이슈에서는 한마음 한뜻으로 '만 18세는 미성숙하므로 선거권을 줘선 안 된다'고 주장하는 풍경이라니, 우습고 미심쩍다.

'실제로' 성숙한지를 검증하려 들면 논의가 공회전하거나 삐걱댈 수밖에 없다. 객관적인 평가가 어려울뿐더러, 옳지도 않다. 모두에게 동등하게 적용되는 나이라는 기준만 만족하면 누구든

평등하게 한 표를 행사할 수 있다는 보통·평등선거의 원칙을 무너뜨리는 일이다. 이 원칙이 중요하다는 말을 다시 하기엔 우리 민주주의의 역사가 그렇게 짧지 않다고 믿는다.

따라서 선거권에 기준이 필요하다면 '실제로' 성숙해지는 나이가 아니라 '제도적 관점'에서 성숙해졌다고 간주할 수 있는 나이일 터다. 제도적으로 고안된 어떤 생애주기를 통과하면 선거권을 부여하자는 것이다. 의무교육 과정은 그 기준이 될 만하다. 의무교육은 국가가 의무적으로 제공한다는 의미도 있지만, 모든 국민이 의무적으로 받아야 한다는 의미도 함께 있다. 교육에 관한 국가의 책임을 규정한 교육기본법에 따르면 교육은 "민주시민으로서 필요한 자질을 갖추게 함"을 이념으로 한다. 그렇다면 의무교육 과정을 통과하는 순간 '민주시민으로서 필요한 자질'을 갖췄다고 간주하는 것이 합리적이다. 2020년의 민주공화국이라면 그 정도 자신감은 있어야 하지 않을까.

이렇게 보면 통상적으로 의무교육 과정으로서 중학교를 마쳤다고 간주되는 만 16세까지 선거연령을 낮추는 것이 맞다. 하지만 현실은 역시 마음처럼 돌아가지 않는다. 제도교육은 좋은 대학에 진학해 좋은 직업을 갖기 위한 과정에 그쳐왔고, 민주시민을 길러내는 데는 너무 오랫동안 무관심했다. 만 18세든 만 19세든, 아니면 그 이상 나이를 먹은 사람들이든, 제도의 관점으로 볼 때는 민주시민교육을 충분히 받지 못한 건 똑같다. 우리 사회는 시민교육조차 '사교육' 또는 '각자도생'에 맡겨왔다.

이번 선거연령 하향으로 고등학생도 선거에 참여할 수 있게 되면서 교육부를 필두로 일부 지자체 교육청들도 이들을 대상으로 한 참정권 교육을 강화할 것이라는 입장들을 내놓고 있는 것 같다. 고민을 확인했으니 반갑기는 하지만, 아무래도 순서가 틀렸다. 만 18세가 선거권을 갖게 되었으니 그에 맞춰 교육을 강화하겠다는 사후대책이 아니라, 의무교육 과정에 민주시민교육을 확대 편성함으로써 선거권을 더 하향시키겠다는 포부가 필요하다.

시민이자 유권자로서 알아야 할 필수적인 교양들을 커리큘럼으로 갖춘 시민교육 과정이 강화되고, 그 과정의 이수 시기가 선거연령의 기준이 되기를 바란다. 유권자뿐만 아니라 정치인으로도 성장하도록 하는 교육까지 고민한다면 금상첨화다. '이쯤에서 한 살만 낮춰주자'는 정치적 타협은 이제 그만하자.

| 2020.01.06.

2장. 정치와 선거는 같은 말이 아니다

모든 투표는
계산된다

"Every vote counts." 영어권 국가에서 투표 참여를 독려할 때 주로 쓰는 말이다. '모든 투표는 중요하다'라는 뜻이다. 이 말은 반드시 투표에 참여하자는 독려로 자연스럽게 이어진다. 모든 투표는 중요하므로 '나 하나쯤이야' 하지 말라는 얘기다. 우리에게 좀 더 익숙한 표현을 들자면 '투표는 신성한 권리'라는 말이 있겠다. 선거가 가까워지면 여지없이 들려오는 말들이다.

그런데 '중요하다'는 의미의 'count'에는 '계산하다'라는 뜻도 있다. 두 번째 의미로 말을 약간 변형하면, '모든 투표는 계산된다'이다. 이렇게 말할 때 '투표'는 행위가 아니라 일종의 데이터다. 당선자의 득표수와 투표율뿐만 아니라 낙선자의 득표수와 무효표 수, 기권율도 기록에 남는다. 이러한 데이터에 해석이 더해지면 여론이 된다. '모든 투표는 중요하다'라는 믿음이 당선자를 만든다면, '모든 투표는 계산된다'라는 생각은 선거가 끝나고 난 뒤에도 사회적 영향을 미칠 수 있는 여론을 만든다.

모든 투표가 계산되므로 사표死票도 아쉬울 게 없다. 낙선자가 기대보다 많은 표를 받았다면 하나의 정치적 신호가 된다. 2014년 지방선거가 좋은 예시다. 당시 새누리당의 철옹성처럼 여겨지던 대구시장 선거에서 새정치민주연합(현 더불어민주당)의 김부겸 후보가 낙선했지만 기대 이상의 표를 얻었다. 이는 대구 지역 유권자들에게 '민주당 계열 후보도 가능성이 있다'라는 신호가 됐고, 그 결과 2016년 총선에서 김부겸 후보가 수성구갑 국회의원으로 당선되기에 이르렀다.

사표는 한 사회를 뒤흔들기도 한다. 2016년 미국 대선에서 민주당 예비선거에 출마했다가 낙선한 버니 샌더스가 그랬다. 자본주의의 대장국가인 미국에서 '민주적 사회주의'를 내걸고 나온 그가 그토록 돌풍을 일으킬 거라곤 누구도 예상하지 못했다. 하지만 샌더스는 그것을 해냈다. 그리고 미국 사회에 사회주의가 유행처럼 번졌다. 그는 스스로 깃발이 되어 사람들을 모아냈고, 미국의 청년들은 비로소 같은 정치적 열망을 공유하는 동료들을 마주할 수 있었다. 본선 진출도 못한 정치인이 만들어낸 결과다.

심지어 무효표와 기권율도 정치적 신호가 될 수 있다. 어떤 선거에서 눈에 띄게 무효표가 많이 나온다면 이는 해석의 대상이 된다. 그 이유를 두고 다양한 분석이 나올 것이다. 기권율도 마찬가지다. 직전 선거 대비 기권율이 눈에 띄게 높아졌다면 역시 분석의 대상이 될 것이다. 보통은 유권자들의 실망 내지 무관심으로 해석되겠지만, 선거를 앞두고 어떤 이슈가 있었는가에 따라 해석이 달라질 수도 있다. 2011년 당시 오세훈 서울시장이 추진한 무상급식 주민투표가 투표율 33.3%를 넘기지 못해 무산됐을 때, 가시적인 투표 보이콧 운동이 전개되어 해석의 틀을 제공했던 것처럼 말이다.

그렇다. 이슈를 만드는 것이 선거만큼이나 중요하다. 선거는 어떤 이슈를 향한 시민들의 열망을 구체적인 숫자로 환산함으로써 공론을 만드는 민주주의의 한 과정이다. 그 누가 뽑힌들 해석되지 못한다면 선거는 단지 사람을 교체하는 행정적 절차에 지나지 않게 된다는 얘기다. 무기력한 투표는 확고한 의지가 담긴 기권보다 무의미하다. 그러니 사표 심리에 지배받지 말고 당당하게 투표하자. 뽑고 싶은 사람이 없는데도 꼭 투표해야 한다고 갈등하지 말자. 선거에 참여하지 말자는 얘기가 아니다. 선거를 민주주의의 유일한 수단으로 여기지 말자는 것이다.

어떤 사람들은 이번 선거가 '촛불정신'의 지속을 결정하는 선거라고 한다. 그런데 바로 그 촛불정신이야말로 선거가 전부가 아님을 보여준 사건이지 않았던가. 일부 새누리당 의원들조차 탄핵소추안에 동참하게 만든 힘은 선거가 아니라 거대한 운동에서 나왔다는 사실을 기억하자. 무엇이 두렵나. 선거 다음 날에도 우리는 여전히 민주주의 공화국의 시민이다. 유권자로서 우리는 단한 표를 행사할 뿐이지만 시민으로서 우리는 더 많은 권리를 지닌다. 정치와 선거는 동의어가 아니다.

| 2020.03.30.

21대 총선의
세 가지 착시

제21대 총선은 여당의 압승으로 끝났다. '180석 공룡 여당'의 탄생과 미래통합당의 패배, 그리고 군소정당의 몰락으로 요약될 수 있는 선거 결과로 제21대 국회는 크게 두 가지 지점에서 제20대 국회 이전의 모습으로 돌아간 것처럼 보인다. 제1당이 우세한 양당제(1.5당제)로 되돌아갔고, 영남 지역주의가 영향력을 다시 발휘했다. 하지만 이러한 결과들은 모두 소선거구제가 만든 일종의 착시현상이 작용하고 있다는 공통점이 있다.

2016년의 제20대 총선은 한국 정치사에서 드물게 다당제 국면을 만들었다. 어느 당도 단독으로 과반을 갖지 못하는 묘한 의석수 배분으로 '협치'가 강제됐다. 오랫동안 거대 양당으로 군림해온 123석의 더불어민주당과 122석의 새누리당이 군소정당인 국민의당(38석)과 정의당(6석)의 눈치를 살피지 않을 수 없었다. 군소정당과의 연대로 과반은 이룰 수 있어도, 양당 간 협의가 없는 한 국회선진화법이 만든 새로운 기준인 180석에는 미칠 수 없는 균형이 제20대 국회에는 있었다.

제21대 총선에서 이 균형은 무너졌다. 더불어민주당과 더불어시민당이 180석을 점했다. 국회선진화법 이전에는 180석이 아닌 과반이 독점의 기준이었음을 고려하면, 새누리당이 152석으로 단독 과반을 차지했던 제19대 총선과 같은 모양새인 셈이다. 나머지 정당들이 어떻게 합종연횡을 해도 여당의 독점적인 위치를 무너뜨릴 수가 없다. 양당이 경쟁하는 양당제를 넘어 1.5당제에 가깝게 된 것이다. 의회 민주주의의 장점이 정당 간의 견제와 그에 따른 협상에 있다고 본다면, 이는 시대적 후퇴다.

제20대 총선은 뿌리 깊은 영남 지역주의에 마침내 균열을 낸 선거이기도 했다. 소위 '범진보'로 분류되는 더불어민주당·정의당·민중당(현 진보당) 그리고 무소속이지만 범진보정당 출신인 후보들이 경남(4명)·부산(5명)·울산(2명)·대구(2명)에서 무려 13명이나 당선됐다. 이는 제19대 총선에서 해당 지역 당선자가 3명(경남 1명·부산 2명)에 그쳤던 것과 비교하면 엄청난 약진이었다. 이러한 균열은 2018년 제7회 지방선거에서도 경남·부산·울산의 광

2장. 정치와 선거는 같은 말이 아니다

역자치단체장을 더불어민주당이 가져오는 등 놀라운 성과로 이어졌다.

제21대 총선 결과는 이 균열이 어쩌면 잔 흠집에 불과했는지도 모르겠다고 생각하게 만들었다. 경남(3명)·부산(3명)·울산(1명)·대구를 통틀어 범진보 계열의 당선자는 7명에 그쳤다. 특히 제20대 총선에서 당선된 현역 의원들이 대부분 낙선하고, 울산·창원 등 노동자가 밀집한 지역에서 범진보 계열이 패배한 것은 깊은 실망을 안긴다. 결과가 이렇게 나오자 영남 지역주의가 다시 힘을 발휘했다는 분석들이 나오고 있다. 역시 분명한 시대적 후퇴다.

이처럼 제21대 총선은 제20대 총선이 만들어낸 역사적 균열을 뿌리치고 한국 정치의 오래된 양상을 되살렸다. 당선과 낙선 여부를 놓고 보면 틀림없이 그렇다. 하지만 꼼꼼하게 표를 뜯어보면 조금 다른 결과가 보인다.

지역구 선거에서 더불어민주당은 163석으로 전체 지역구 의석의 약 64%를 차지했지만, 실제 득표수를 따지면 전체 유효표(무효·기권 제외)의 50%에 그친다. 반면 전체 유효표의 40%를 얻은 미래통합당의 전체 지역구 의석수의 33%인 84석을 얻었다. 더불어민주당은 10%를 더 얻었을 뿐이지만 거의 2배에 가까운 의석을 차지한 셈이다. 이는 물론 단 한 표 차이로도 당락이 나뉘는 소선거구제가 만들어낸 결과다.

영남권의 투표 결과도 마찬가지다. 범진보 정치인이 획득한 의석수는 거의 반토막이 났지만, 실제로 획득한 표를 세면 오히려 제20대 총선에 비해 더 많다. 〈한겨레〉의 분석에 따르면 제20대 총선에서 더불어민주당이 영남 지역에서 받은 표는 부산 37.8%·울산 16.2%·경남 29.8%·대구 24.4%였지만, 이번 총선에서는 부산 43.5%·울산 38.6%·경남 37.1%·대구 28.5%로 각각의 지역에서 유의미한 성장을 보였다(〈한겨레〉, 2020년 4월 19일자, 「'위성정당 없었다면' 계산해보니…정의당 7석 더 얻었다」). 그럼에도 의석수가 반토막 난 것은 역시 소선거구제의 결과일 것이다.

결국 더불어민주당은 접전이 다수 펼쳐진 수도권에서, 미래통합당은 그들의 위태로운 거점인 영남에서 소선거구제의 덕으로 큰 이익을 취한 셈이다. 바로 이러한 소선거구제 특유의 착시현상, 즉 '표의 불비례성'이 가져다주는 혜택이 지난 선거법 개정 국면에서 두 당이 높은 수준의 연동형 비례대표제 도입에 반대했던 이유다.

착시현상이 일어난 곳이 또 하나 있다. 정의당이다. 정의당은 이번 선거에서 지역구와 비례대표를 합하여 총 6석을 획득했다. 지난 제20대 총선에서 획득한 의석수와 같다. 정의당이 간절히 바라왔고 환영했던 준연동형 비례대표제가 도입된 이후의 첫 선거였음에도 지난 선거와 동일한 의석을 얻은 것은 아무래도 아쉬운 결과다.

하지만 표를 뜯어보면 다른 평가가 가능하다. 정의당이 제

20대 총선에서 받은 정당 득표수(170만 표)에 비해 이번 총선의 득표수(270만 표)는 거의 100만 표 가까이 늘었다. 득표율로 봐도 7.23%에서 9.67%로 늘어난 것을 확인할 수 있다. 게다가 위성정당이 없었다고 가정하면 의석수도 달라진다. 〈한겨레〉의 계산에 따르면 더불어민주당과 미래통합당이 위성정당 없이 비례대표를 내고 동일한 정당득표를 받았을 경우 정의당은 총 12석을 얻을 수 있었다(〈한겨레〉, 2020년 4월 19일자, 「'위성정당 없었다면' 계산해보니…정의당 7석 더 얻었다」). 이번 선거에서 획득한 5석보다 무려 7석이 많은 수다.

더불어민주당과 미래통합당, 정의당에서 발생한 세 가지 '착시현상'이 가리키는 바는 명확해 보인다. 거대 양당이 반사이익을 취하는 소선거구제를 조금 더 비례적으로 바꾸고, 원칙 없는 위성정당의 창당이 불가능하도록 공직선거법을 고치는 것이다. 나아가 지역주의와 양당제를 넘어서기 위해 지역에서 분투하는 정치인들이 더욱 많아질 수 있도록 제도를 마련하는 것이다. 선거법 개정 당시 논의되다가 더불어민주당의 반대로 도입되지 못한 석패율제를 예로 들 수 있겠다.

제21대 총선에서 실험된 준연동형 비례대표제가 목적 달성에 실패했다는 사실에 동의하지 않는 정치세력은 없을 것이다. 그렇다고 원칙 없이 다시 과거로 돌아갈 수는 없는 일이다. 지난 선거법 개정 당시 더불어민주당이 법을 통과시킨 뒤 브리핑한 것처럼, "국민의 지지와 정당의 의석 확보가 일치하지 않았던 비례성의 문제가 개선(홍익표 당시 수석대변인)"되는 것이 여전히 정치개혁의 방향이 되어야 한다.

| 2020.04.21.

2장. 정치와 선거는 같은 말이 아니다

20대 국회의
마지막 기회

오늘은 5·18 광주 민주화운동(5·18) 40주년이다. 보통 30년을 한 세대로 친다면, 한 세대가 바뀌고도 10년이 더 흐른 시간이다. 그렇게 기나긴 시간이 흘렀음에도 아직도 밝혀지고 있는 진실들이 있고, 또한 밝혀내야 할 진실들이 남아 있다는 사실이 놀랍다. 한국 사회에 5·18과 같이 진실을 밝혀내야 할 과거사들이 산적해 있다는 사실을 생각하면 슬프기도 하다.

38주년이었던 지난 2018년에는 전남도청에서 항쟁하다가 연행된 김선옥 씨가 당시 광주 상무대 영창에서 군인들에게 당했던 고문과 성폭행을 고발했다(《한겨레》, 2018년 5월 8일자, 「고문 뒤 석방 전날 성폭행"… 5월항쟁 38년만의 미투」). 김선옥 씨는 〈한겨레〉와의 인터뷰에서 그해 1월에 있었던 서지현 검사의 '미투'로 용기를 냈다고 했다. 누군가의 용기가 또 다른 누군가의 용기로 이어져 진실을 끌어올린 것이다.

39주년이었던 지난 2019년에도 새로운 진실들이 세상에 떠올랐다. 5·18 당시 헬기에 탄약을 보급하던 군인이었던 최종호 씨가 광주에서 헬기 사격이 이뤄졌다고 증언한 것이다(〈KBS 뉴스 9〉, 2019년 5월 16일자, 「"광주 투입 헬기, 탄약 5백발 사용"…5·18 군인의 증언」). 헬기 사격 지시는 발포 명령과 함께 전두환 씨가 주요하게 부정해온 의혹이다. 이에 더하여 당시 보안부대 수사관이었던 허장환 씨는 시신이 너무 많아 일부 시신을 바다에 버렸다고 증언하기도 했다. 두 증언 모두 5·18 당시 가해자에 속하는 군인들의 입에서 나왔다는 사실은 과거사 문제의 해결이 어떻게 가능할지를 보여주는 사례다.

40주년이 된 2020년에도 새로운 진실은 여지없이 나왔다. 〈경향신문〉은 40주년 기념 기획 기사(「5·18 40주년 조작된 영웅」)에서 당시 계엄군의 '사망확인조서' 문건과 '상이기장(부상당한 참전군인에게 수여하는 표창) 수여 발령 문건' 등을 분석해 군 당국이 계엄군 내 오인사격으로 사망한 군인의 사인을 '시민에 의한 죽음'으로 꾸몄으며, 부상당한 계엄군에게는 참전군인에게 주는 상이기장을 수여했다는 사실을 새롭게 밝혀냈다.

그런가 하면 40년이 흐르는 동안에도 여전히 드러나지 않은, 앞으로 밝혀내야 할 진실들이 많다. 가장 중요한 진실은 역시 발포 책임자를 밝혀내는 일이다. 수많은 정황이 최종 발포 책임자가 전두환 씨라고 가리키고 있지만, 당사자의 부인과 핵심적인 물증의 부재로 아직 진실을 밝혀내지는 못하고 있다. 지난 5월 12일 출범한 '5·18민주화운동 진상규명조사위원회'가 진상조사에 돌입한 만큼, 이제는 진실이 명명백백하게 밝혀지기를 기대한다.

진상규명조사위원회가 국가기관으로서 역할을 수행한다면, 민간 영역에서도 진실을 찾기 위한 자발적인 노력이 이어지고 있다. 2020년 5월 12일, 미국 정부가 5·18과 관련한 미국 측 비밀문서 43건을 공개했다. 뜻있는 시민들이 이 문서들을 번역해 온라인에 공개하는 작업을 진행하고 있다.

이처럼 5·18은 40년이 흐른 지금도 진실을 향해 가고 있다. 놀라운 일이다. 하지만 한편으로 생각해보면 5·18이 한국 현대사를 뒤흔들었다고 평가할 만큼 중요하고 유명한 사건이기 때문에 멈춤 없이 진실을 찾는 작업이 가능한 것은 아닐까. 광주만큼의 주목을 받지 못하는 숱한 학살·간첩 조작·의문사를 비롯한 과거사들의 파묻힌 진실을 우리는 어떻게 지상 위로 끌어올려 정의를 이뤄낼 수 있을까.

시민들이 이루긴 어려운 일이지만, 국가는 해낼 수 있다. 이제 약 열흘 정도의 임기를 앞둔 20대 국회에는 진실·화해를 위한 과거사정리기본법(과거사법) 개정안이라는 중요한 숙제가 남아 있다. 광복 이후 권위주의 통치기까지 벌어졌던 민간인 집단 희생 사건·국가폭력 사건·의문사 사건 등에 대한 진실 규명 및 재심을 목적으로 하는 법안으로, 이번 개정안은 이 법안에 따른 조사위원회의 활동 기간 연장을 핵심으로 한다.

개정안은 현재 법제사법위원회에 계류돼 있으며, 20대 국회 마지막 본회의는 5월 20일에 개최될 예정이다. 여러 언론에서 20대 국회의 마지막 쟁점으로 과거사법을 꼽고 있다. 미래통합당은 이미 이 법안을 통과시키기로 했지만, 불과 며칠 지나지도 않아 피해자와 유가족에 대한 배상 문제에 딴지를 걸며 반대 입장으로 돌아섰다.

여기서 우리는 다시 5·18의 진실 규명 역사를 들여다볼 필요가 있다. 1995년 12월, '5·18민주화운동 등에 관한 특별법'이 제정된다. 김영삼 정부 이후 5·18 진실 규명을 요구해온 5·18 관련 단체들은 문제해결의 5대 원칙이 특별법에 포함되어야 한다고 주장했다.

5대 원칙이란 '진상 규명' '책임자 처벌' '명예 회복' '피해 보상' '기념사업'을 뜻한다. 진상을 명명백백하게 규명하여, 책임져야 할 자에게 책임을 지도록 하고, 억울하게 피해받은 자들의 명예를 회복시키며, 그가 오랜 시간 받아온 피해를 마땅하게 배상해, 두 번 다시 이 같은 일이 일어나지 않도록 기념사업을 통해 기억을 전승시켜야 한다는 것이다. 1995년 제정된 특별법에는 이상의 5대 원칙이 모두 포함되어 오늘날에 이르고 있다.

5·18이 그러하다면, 또 다른 과거사 사건들도 당연히 그러해야 마땅한 법이다. "5·18 민주화운동의 제대로 된 역사적 평가를 위한 법적·제도적 장치 마련에 소홀함이 없도록 부단히 노력해왔고 그런 각오는 앞으로도 변함없을 것(주호영 미래통합당 원내대표)"이라면, 그와 다를 바 없는 수많은 과거사 사건들에 대해서도 법적·제도적 장치 마련에 소홀함이 없어야 한다.

오늘은 5·18 40주년이자 5·18민주화운동 진상규명조사위원회가 출범한 지 일주일째다. 지난 2013년 발의된 뒤 7년간 국회를 표류해온 과거사법이 법사위에 계류된 지 7개월째이자 20대 국회 마지막 본회의를 이틀 앞둔 날이기도 하다. 20대 국회의원들이 제 손으로 정의를 이룰 수 있는 날이 이틀 남았다는 뜻이다.

| 2020.05.18.

같이 돌파하는
정치

장면 하나. 정의당의 혁신 방안을 논의하는 혁신위원회가 구성되자 당 안팎에서 많은 말들이 쏟아졌다. 건강한 제언부터 우려와 회의의 목소리까지. 이때 장혜영 혁신위원장이 한 가지 제안을 던진다. 의견들을 올릴 때 해시태그를 달아달라는 것이었다. 그러면 일일이 찾아서 꼼꼼히 살펴보겠다고 했다. 이 간단한 제안 하나로 정의당원들의 목소리는 구심점을 얻게 됐다. '다양한 의견을 청취하겠다'라는 의례적인 말이 실질적인 말로 변화한 순간이다.

장면 둘. 장혜영 국회의원이 주도한 포괄적 차별금지법안 발의를 앞두고 반대세력의 항의가 빗발쳤다. 장 의원은 이 소식을

2장. 정치와 선거는 같은 말이 아니다

알리면서 지지자와 당원들에게 이런 요청을 한다. "잘하고 있다고, 같이 돌파하자고, 그런 말들이 필요하다." 반대세력에 맞서 싸워달라고 하지 않았고, 자신에 대한 무조건적인 지지를 요청하지도 않았다. 단지 '같이 돌파하자'라고 했다. 차별금지법 지지자들이 울타리 너머 응원자에서 장 의원 옆 동반자로 위치를 옮기는 순간이다.

파편적으로 흩어진 목소리들이 하나의 지향을 공유하는 큰 파도가 될 수 있도록 구심점을 만들어주는 것. 그는 자신을 중심으로 사람들이 서로 연결되어 각자의 정치를 펼칠 수 있도록 '퍼실리테이팅(facilitating)'하는 정치인이다. 그의 퍼실리테이팅에 따라 당원과 지지자들은 정치라는 장의 울타리 바깥에 머물 틈이 없다. 장 의원은 지지자들이 설 수 있는 새로운 위치를 포착하고 선보였다. 장 의원의 정치는 이 지점에서 새롭다.

근래에 정치인의 지지자들이 후원금을 내거나 선거 때 지지를 호소하는 것 말고 어떤 정치적 행위를 펼쳐왔던가. 지지자들은 정치인의 세몰이를 위해 수동적으로 동원되는 존재였거나, 정치인의 치부를 무조건적으로 방어하고 엄호하는 존재였거나, 정치적 반대세력에게 문자폭탄을 보내며 네거티브한 공격을 담당하는 존재였다. 다시 말해 정치인 본인이 수행하기 곤란한 일들을 대리하는 게 지지자가 수행할 수 있는 정치적 역할인 것처럼 여겨졌다.

반면 장 의원은 지지자들을 자신의 앞이나 뒤가 아니라 옆에서 '같이 돌파하는' 존재로 대하고, 자신을 무조건 엄호하는 게 아니라 서로 따뜻한 격려를 주고받는 존재로 대한다. 이런 정치의 작동은 단지 정치인의 의지만으로 가능하지 않다. 그보다는 오히려 지지자의 의지가 중요하다. 정치를 소비하는 소비자 또는 정치인에게 모든 것을 맡기고 뒤에서 엄호하는 존재가 아니라 정치의 주체로서 정치인의 옆자리에 서겠다는 의지 말이다. 그것이야말로 대의민주주의에서 시민이 취할 수 있는 가장 적극적인 자세일 것이다.

장혜영·류호정 의원이 박원순 전 서울시장에 대한 조문을 하지 않겠다는 입장을 낸 뒤로 정의당에 또다시 탈당 릴레이가 이어지고 있다고 한다. 정의당이 더불어민주당과 관련한 논란에서 각을 세울 때마다 이런 일이 벌어진다. 유독 정의당에 있어서 '탈당 선언'은 정치적 협박처럼 작동해왔다. 그것이 협박처럼 느껴지는 데는 여러 가지 이유가 있겠으나, 정의당과 같은 군소정당은 거대 양당에 비해 국고보조금을 훨씬 적게 받는 탓에 수입 구조에서 당비 의존율이 높다는 점과 집단탈당과 같은 부정적 이슈에 더욱 취약하다는 점이 주된 이유일 것이다. 소비자 혹은 투자자의 논리인 셈이다.

그런데 지난 탈당 릴레이 때와 다르게 이번에는 새로운 현상이 눈에 띈다. 바로 '입당 운동'이다. 탈당 릴레이가 가시화되며 정의당이 혼란스러워지자, 그간 정의당을 관망하던 사람들이 입당을 선언하고 있다. 들리는 바로는 최근 입당자 중 다수가 20·30대 여성들이라고 한다. 수많은 정치인들이 2차 가해에 동참하거나 적당히 침묵할 때, 앞장서서 피해자의 편에 서기를 선택한 두 의원과 그들의 당을 응원하고 '같이 돌파' 하겠다는 것이다. 정치인의 앞이나 뒤가 아니라 옆자리에 서겠다는 지지자의 의지란 바로 이런 것 아닐까. 장혜영의 정치는 이렇게 새로운 물결을 만들어나가고 있다.

| 2020.07.21.

선을 넘는
진보정치

지난 총선에 처음 적용된 연동형 비례대표제를 꾸준히 주장해왔던 하승수 변호사가 최근 《개방명부 비례대표제를 제안한다》(한티재, 2020)라는 제목의 책을 냈다. "위성정당 없는 진짜 비례대표제를 위하여"라는 부제가 달렸다. 말하자면 제21대 총선에 적용된 준연동형 비례대표제는 '위성정당을 만드는 가짜 비례대표제'였고, 그와 같은 부작용을 넘어서서 좋은 정치를 만들기 위해서는 개방명부 비례대표제라는 새로운 대안으로 나아가야 한다는 주장이다.

정치를 더 낫게 만들려는 고민과 대안적인 모델을 모색하는 시도는 언제나 반가운 일이다. 그런데 지금껏 연동형 비례대표제를 주장하던 사람이 갑자기 전혀 다른 선거제도를 들고나왔다는 사실을 떠올리면 별로 반갑지 않다. 이것이 진보진영이 종종 발목 잡히는 자기검열의 한 전형을 보여주는 것 같아서다.

진보진영의 선거제도 개혁론은 우회적인 방식으로 이뤄진다. 진보정치의 확대를 위해서가 아니라, 사표를 막기 위해서라거나 위성정당을 막기 위해 선거제도 개혁이 필요하다는 식이다. 밥그릇 챙기기 아니냐는 냉소를 피하면서 사회적 합의를 이끌어내기 위함이다. 우회의 결과는 제21대 총선에서 드러났다. 거대 양당이 사표를 막겠답시고 위성정당을 만들 때, 진보진영에서는 원칙론 외에 할 수 있는 말이 없었다. 정치적인 다양성이 앞으로의 정치가 나아갈 길이고, 그것을 위해서 선거제도 개혁이 필요하다고 말할 수 있었다면 좀 다르지 않았을까.

늘 선거제도 개혁만 주장하는 것 자체도 우회적이다. 정치적 다양성을 가로막는 게 선거제도만 있을까. 강력한 대통령제, 경직된 공직선거법, 양당에 유리한 선거보조금제도, 지난 30년간 단 한 자리가 늘었을 뿐인 제한된 의원정수까지 양당제를 부추기는 제도들이 넘쳐난다. 그럼에도 진보진영은 선거제도 개혁만 강조해왔다. 다른 것들은 국민감정을 건드려야 하거나, 양당을 설득할 수 없다고 판단했기 때문이다.

선거제도는 중요하나, 그게 모든 것은 아니다. 당장 제20대 총선은 선거제도가 바뀌기 전이었지만 절묘한 균형을 이룬 다당제를 탄생시켰다. 당시 새누리당의 계파 갈등과 국민의당의 지역정당 전략이 적중한 결과였다. 제21대 총선에선 연동형 비례대표제가 도입돼 소수정당의 약진이 기대됐지만, 양당제의 압력 속에서 '1.5당제'로 귀결됐다. 요컨대 선거제도의 작동방식은 한 사회의 통치체제, 사회구조, 정치문화, 시민들의 민주주의 경험과 상호영향을 주고받으며 결정된다.

그러니 그 모든 것을 바꾸자고 말하려면 결국 선을 넘는 수밖에 없다. 국민감정에 도전해 새로운 합의를 도출하고, 현실적인 불가능성에도 기꺼이 도전하며, 독단적이고 교조적이라는 시선도 감수할 필요가 있다. 진보정치의 성장을 위해 선거제도의 개혁이 필요하며, 선거제도가 취지대로 작동하도록 하기 위해 통치체제와 공직선거법 및 선거보조금제도 등을 함께 바꿔야 한다고 말할 수 있어야 한다.

선거제도를 더욱 민주적으로 바꾸는 것은 물론 여전히 중요한 작업이지만, 결국 진보정치의 필요성을 설득해내는 게 더 중요하다는 얘기다. 연동형 비례대표제가 적용된 제21대 총선이 1.5당제로 귀결된 것이 단지 여당의 위성정당 때문일까. 보다 근본적인 원인은 유권자들이 위성정당이 아닌 진보정당에 표를 줘야 할 유인을 찾지 못한 데 있다. 지금 진보정치에 필요한 건 불확실한 선거제도 개혁에 판돈을 거는 일이 아니다. 진보정치의 필요성을 대중에게 설득할 수 있는 자신감을 키우는 일이다.

| 2020.10.13.

남성의 얼굴을 한 정치를 뒤집다

세계에서 여성 국회의원 비율이 가장 높은 나라가 어딜까. 독일이나 프랑스 같은 서유럽 혹은 스웨덴 같은 북유럽 국가들일까? 모두 오답이다. 정답은 동아프리카에 위치한 르완다공화국이다. 국제의회연맹에서 2020년 1월, 191개국을 조사한 자료에 따르면 르완다 하원 80석 중 49석(61.3%)을 여성이 점유하고 있다. 유일한 60%대다. 의원뿐만이 아니다. 2018년 구성된 26석의 내각 중 50%인 13석이 여성의 몫이다. 판검사, 시도의원 등의 영역에서도 여성의 비중이 눈에 띄게 높다. 세계경제포럼이 2019년 153개국을 조사한 '성 격차 지수' 보고서에서도 르완다는 세계에서 아홉 번째로 양성평등이 잘 실현된 국가로 나타났다.

르완다의 이러한 면모는 2003년 개헌 당시 헌법에 명문화한 여성 할당제 덕분이다. 르완다 헌법은 "모든 조직의 의사결정구조의 30% 이상을 여성으로 구성"하도록 못을 박았다. '후보 할당'이 아니라 '의석 할당'이다. 하원 80석 중 30%에 해당하는 비례대표 24석은 반드시 여성이 출마하도록 설계했다. 그 결과 2003년 이전까지 20% 아래였던 여성 의원 비율은 2003년 48.8%를 시작으로 2008년 56%, 2013년 64%, 2018년 61.3%로 크게 늘었다.

여성 할당제를 도입한 배경에는 1994년의 집단학살이 있다. 후투족 출신의 쥐베날 하브자리마나 대통령이 비행기 사고로 사망하자 후투족 강경파들이 이를 투치족이 저지른 것이라고 주장하면서 집단학살을 시작했다. 이 과정에서 소수민족인 투치족이 100만 명 가까이 학살당했는데, 주로 남성들이 죽었다. 학살이 자행된 뒤에는 성비가 심각하게 무너져서, 당시 인구의 약 70% 정도가 여성이었다고 한다. 여성들도 집단학살이 벌어지는 가운데 큰 희생을 겪었는데, 약 50만 명에 달하는 여성들이 남성들에게 강간당했다.

가장이었던 남성들이 사라지자 여성들이 경제생활의 전면에 나서야 했다. 여성이 경제력을 갖게 됨에 따라 사회구조가 변동했음에도 여성들은 여전히 정치에서 배제됐고, 전시성폭력의 대상이었던 여성에 대한 국가적 차원의 반성과 사죄도 이뤄지지 않았다. 여성들은 이를 참아주지 않았다. 조직된 운동으로 개헌을 이끌어냈다.

르완다의 사례가 흥미로운 점은 단지 의석 할당만이 아니다. 할당 비율은 30%이지만 실제 여성 의원 비율은 그 두 배인 60%대까지 다다른다는 점, 그리고 2003년 이후 수차례 선거에서 증가 추세가 유지되고 있다는 점도 중요하다. 여성 할당제를 운용하는 여러 선진국에서 실제 결과는 대부분 할당 비율만 딱 맞춰 채우거나 그에 미달한다는 점을 떠올리면 르완다의 사례는 시사하는 바가 크다.

예를 들어 프랑스는 2000년부터 하원의원 선거 지역구 후보에 한해 남녀동수제를 적용해왔는데, 직전까지 10%대에 불과했던 여성 의원 비율은 남녀동수제 이후 약 40%까지 상승해 나름의 성과를 보였다. 하지만 몇 차례 선거를 거치면서도 40% 이상으로 늘어나지는 못하고 있다. 후보를 남녀동수로 추천한다는 점을 고려하면, 유권자들이 여전히 여성보다 남성을 더 많이 뽑고 있다는 의미다.

여성들은 지금까지 정치라는 장場에서 '여성은 정치에 맞지 않는다'는 식의 편견에 부딪혀왔다. 여성 정치인의 실패가 곧 여성의 문제로 지적되는 일도 부지기수다. 이런 식으로 정치는 남성의 전유물처럼 여겨져왔는데, 단지 후보 비율만 할당하는 방식은 이 고착화된 상을 본질적으로 바꾸지는 못한 게 아닐까. 남성의 얼굴을 한 정치의 상을 그대로 둔다면 여성은 단지 기회를 보장받을 뿐 여전히 불리한 싸움에 임해야 한다.

르완다가 뒤집어버린 것은 바로 그 정치의 상이다. 강력한 할당제로 여성들을 밀어 넣어 정치의 얼굴을 바꿔버렸다. 의회 내에서 주류를 이룰 만큼 규모가 커진 여성들은 정치라는 장을 탈남성적으로 재구성할 수 있었고, 그 결과 '반동' 없는 상승세를 이어나가고 있다.

물론 르완다의 여성 할당제에 대해서는 비판의 목소리도 존재한다. 르완다 내 남성들의 불만도 당연히 있고, 그보다 중요한 비판은 여성 할당제가 실제로 여성 인권의 증진에 기여하고 있는가에 관한 것이다. 헌법을 개정하면서까지 집권 기간을 연장해 올해로 21년째 집권 중인 폴 카가메 대통령의 대외적인 정당성을 마련해주고 있을 뿐이라는 비판이다. 여성 의원들이 늘어나고 있지만 정작 여성 정책에는 별로 진전이 없다는 비판도 있다. 이처럼 르완다조차도 아직 갈 길이 멀지만, 이러한 한계에 대한 비판이 '여성 할당제 폐지'로 귀결된다면 우스운 일이다. 여러 한계 속에서도 남성의 얼굴을 한 정치를 바꾸려는 정치가 이런 문제에 아무런 관심도 없는 정치보다는 나을 테니 말이다.

| 2021.03.04.

'일하는 국회'라는
도그마

2020년 5월을 마지막으로 제20대 국회가 문을 닫고 제21대 국회
가 열렸다. 이 분기점에서 언론들의 평가는 다음과 같이 요약되는
듯하다. 20대 국회는 '역대 최악'이었고, 21대 국회는 '일하는 국
회'가 되기를 기대한다는 것. 언뜻 당연한 평가 같지만, 당연하게
느껴질수록 좀 더 따져볼 필요가 있다. 우리는 '많이 일했다'는 것
에 그 자체로 긍정적인 가치를 부여하지만, 중요한 것은 '어떤 일'
을 많이 했는가에 있기 때문이다.

   우선 20대 국회가 역대 최악이라는 평가에 대해서 생각해봐
야 한다. 사실 이런 식의 단평은 국회가 끝날 때마다 여러 언론에

서 매번 나왔는데, 가장 최근의 국회들인 19대, 18대, 17대 국회가 막을 내릴 때 모두 '역대 최악'이라는 수식어가 붙은 기사를 어렵지 않게 찾아볼 수 있다. 정말로 국회가 매번 더 나빠져서 역대 최악을 갱신하는 것이 아니라면, 이런 평가는 단순히 정치혐오에 기댄 게으른 관행에 불과한 것은 아닌가.

관행적 의미가 아닌 실질적 의미에서 제20대 국회를 역대 최악이라고 평가할 만한 데이터가 있다면 법안 처리율(발의된 법안이 본회의에서 통과된 비율)이다. 20대 국회에서는 총 2만 4000여 건의 법률안이 발의되었으나 이 중 37.8%인 9000여 건만 통과되었다고 한다. 17대부터 19대 국회에서 모두 40%대를 기록한 것에 비하면 확실히 역대 최악의 수치다.

하지만 법안 처리율을 기준으로 최악을 논하는 것은 다소 불합리한 측면이 있다. 중요한 것은 법안의 내용과 질이지, 숫자가 아니기 때문이다. 예를 들어 법안 발의 수만 놓고 보면 20대 국회는 지난 국회들보다 압도적으로 많은 양을 발의했다고 볼 수 있다. 19대 국회에서는 약 1만 8000개의 법안이 발의됐고, 18대 국회에서는 약 1만 4000개 정도다. 그렇다고 이 수치만으로 20대 국회가 특별히 더 많이 일했다고 평가해줄 수는 없다. 국회의원들이 법안 발의 실적을 만들기 위해 자잘한 용어를 바꾸거나 시류에 편승하는 법안을 발의하는 식의 편법을 쓴다는 지적은 오래전부터 있었다.

한편으로는 한국의 법안 발의 수와 처리율이 외국에 비해 높다는 분석도 있다. 2016년 8월, 더미래연구소에서 발행한 〈19대 국회 입법실적, 저조한가?〉라는 보고서에 따르면, 한국의 연평균 법안 발의 수는 4456개로 독일(약 230개), 일본(약 60개), 영국(약 100개), 미국(약 3000개), 프랑스(약 1400개) 등 주요 선진국들보다 훨씬 많은 편이다. 법안 처리율 역시 41.7%로 독일과 일본(50%대) 다음으로 높고, 한국 다음인 영국은 20% 초반이다. 미국은 10% 초반, 프랑스는 10% 미만이다. 이러한 수치들을 고려하면 발의된 법안의 수 또는 법안 처리율을 '일하는 국회'의 상징으로 보는 한국 언론의 관점은 어딘가 문제가 있음을 충분히 짐작할 수 있다.

결국 '얼마나 많은 법안'을 통과시켰느냐가 아니라 '어떤 법안'을 통과시켰는지가 중요한 것이다. 사회를 후퇴시키는 법, 독소조항으로 가득한 법, 국민 대다수의 바람을 배반하는 법은 통과되지 않느니만 못하다. 바로 이 지점에서 국회의원의 임무는 '법안을 통과시키는 것'을 넘어 '악법을 막는 것'으로 확장된다. 거대 양당이 짬짜미로 법안을 통과시키거나 과반을 차지한 제1당이 날치기로 법안을 통과시키려는 시도를 어떻게든 막아내는 것, 이른바 '동물국회'라고 불려온 부정적인 풍경은 이런 상황에서도 등장하게 되는 것이다.

더불어민주당이 절대 과반을 차지한 21대 국회에서 그런 일이 반복될지는 아직 알 수 없지만, 과거에 미래통합당의 전신들이 숫자로 밀어붙인 법안들을 떠올려보자. 노무현 전 대통령에 대한 탄핵소추안(16대 국회), 지금의 종편을 만든 미디어법과 한미FTA 비준안(18대 국회), 테러방지법(19대 국회). 각각의 순간마다 육탄방어로든 필리버스터로든 법안 통과를 막으려는 시도들이 있었고, 많은 국민들이 그 시도를 지지했다. 법안 통과만이 능사가 아니라는 것을 우리는 익히 경험해왔다는 얘기다.

　20대 국회가 한국 정치사상 드물게 4개 이상의 정당이 정치적 영향력을 쥔 채 밀고 당긴 실질적 다당제 국회였다는 점도 고려되어야 한다. 양당제에서의 법안 통과는 단순한 측면이 있다. 두 당이 원만하게 합의하거나, 법안 거래로 담판을 짓거나, 다수 정당이 단독으로 통과시키거나, 완전히 파행되거나. 어느 길을 택하건 행위자가 둘뿐인 정치에서는 결정도 상대적으로 빠르다. 하지만 4개 이상의 정당이 협상하는 다당제라면 협상 절차는 늘어질 수밖에 없다. 조건과 규모가 각기 다른 정당들이 서로의 이해를 조정해야 합의에 다다를 수 있기 때문이다.

　그런데 양당 체제가 당연한 상식으로 여겨지던 지난 18대 국회의 말미에 제정된 국회선진화법이 조건으로 작동하면 더 까다로워진다. 국회선진화법은 양당의 '협치'를 강제하겠다는 취지로 도입되었다고 봐도 무리가 아니다. 양당 중 어느 쪽도 180석을 가지긴 어렵다는 전제하에, 신속 처리 가능 의석을 180석으로 묶고

날치기를 어렵게 만들어 양당의 협상에 의한 합의를 유도하겠다는 것이다. 그러나 20대 국회는 전례 없는 다당제 구성이었다. 당시 새누리당은 122석을 차지했다. 고작 2석 차이로 총원 300명인 대한민국 의회를 마비시킬 수 있는 힘을 쥐게 된 셈이다. 다만 임기 후반으로 접어들수록 보수정당 의원들은 자발적으로 배지를 반납해(법원 판결에 따른 의원직 상실) 120석이 무너졌고, 이것이 다시 '동물국회'가 재연되는 결과를 낳았다고 할 수 있겠다.

결국 양당제 시절의 국회법이 다당제 국회에 적용되면서, 안 그래도 합의가 까다로운 다당제에서의 법안 처리를 더욱 어렵게 만들었다. '역대 최악'이라고 평가받게 만든 20대 국회의 법안 처리율 이면에는 이러한 지점이 작동했다. 오히려 협치를 강제하는 국회선진화법이 없었다면 각 정당들은 먼저 과반을 달성하기 위해 상대 정당들과 치열하게 협상했을 것이고, 서로 지향이 다른 정당들이 두루 합의할 만큼 원만한 법안들이 명분을 갖춘 채 빠르게 통과되었을지도 모른다. 20대 국회에서의 다당제 실험은 면밀히 평가되어야겠지만, 이러한 제도적 불일치에 따른 한계가 감안될 필요가 있다.

20대 국회가 최악이 아니었다고 주장하려는 것이 아니다. 다만 언론들이 쉽게 역대 최악이라고 평가를 내리는 것은 관성적이며, 보다 질적이고 밀도 있는 분석으로 지난 4년을 다루는 균형 잡힌 평가를 내려 앞으로의 4년을 전망하는 것이 언론이 수행

2장. 정치와 선거는 같은 말이 아니다

해야 할 역할이라는 것이다. '일하는 것'은 무조건 옳고 '일하지 않는 것'은 무조건 나쁘다는 단편적인 층위로는 이야기할 수 있는 깊이가 그리 깊지 않은 듯하다. 20대 국회는 어떤 법을 통과시켰고 어떤 법을 막았는가? 통과된 법안들은 우리 사회를 어떻게 바꿔낼 것이며, 통과되지 못한 법안 가운데 21대 국회에서 반드시 통과시켜야 할 것들은 무엇이 있는가? 이것들을 이야기해야 한다.

| 2020.06.02.

'양당의
 원만한 합의'

지난 6월에 이 지면(《미디어스》)에서 '일하는 국회'라는 표어를 비판한 바 있다(「'일하는 국회'라는 도그마」). 어떤 일을 했는지에 주목하지 않고, 통계적으로 일을 얼마나 했는지에만 관심을 두는 경향에 대한 지적이었다. 그와 비슷한 관점에서 '양당의 원만한 합의'라는 키워드를 바라볼 필요가 있다. 언론은 어떤 쟁점에 관해 양당이 정쟁을 벌이면 부정적으로, 원만하게 합의를 보면 긍정적인 뉘앙스로 보도하곤 한다. 보도의 비중도 차이가 있다. 정쟁은 1면의 헤드라인을 장식하고, 원만한 합의는 뒷면 어딘가에 배치되는 경우가 많다.

2장. 정치와 선거는 같은 말이 아니다

그러나 때로는 양당이 정쟁을 벌이는 쟁점보다 원만하게 합의한 사안에 더 주목해야 한다. 그 구체적인 사례들은 크게 세 가지 방향으로 정리된다. 자본을 위한 것이거나, 양당의 이익에 복무하거나, 정치인 개개인들의 이익에 유리하거나.

지난 제20대 국회에서 통과된 일이긴 하지만, '데이터 3법'과 산업기술의 유출방지 및 보호에 관한 법률(산업기술보호법) 개정안은 첫 번째 방향에 해당한다. 데이터 3법은 개인정보 보호법·신용정보의 이용 및 보호에 관한 법률·정보통신망 이용촉진 및 정보보호 등에 관한 법률 등 법안 개정안 세 개를 묶은 것인데, 기업이 고객들의 개인정보를 가명 처리하면 별도의 추가적인 동의 절차 없이도 활용할 수 있도록 허용한 법안이다. 정보인권 관련 단체들이 강하게 반대하고 나섰고 국가인권위원회도 정보인권 침해를 우려했지만, 법안은 2019년 12월 당시 예산안과 패스트트랙으로 양당이 극한 대립하는 와중에도 비쟁점 법안으로 분류되어 2020년 1월 본회의에서 원만하게 통과됐다.

이른바 '삼성보호법'으로 불린 산업기술보호법 개정안도 크게 다르지 않다. 국가핵심기술과 관련된 정보의 공개를 금지하는 조항을 신설하는 것과 산업기술 정보에 대하여 취득 목적 외 사용과 공개를 금지하는 것이 개정안의 골자다. 이 개정안은 '반도체 노동자의 건강과 인권지킴이 반올림'과 같은 작업환경에 따른 산업재해 피해자 단체로부터 '삼성보호법'이라는 비판을 받았다. 노동자가 입은 피해의 원인이 작업환경에 있다는 정보를 획득해도, 그것을 공개하는 행위가 '산업기술 침해'로 분류되어 불법이 될 수 있기 때문이다. 2019년 8월, 이 개정안은 국회 본회의에서 210명 중 206명의 찬성으로 통과됐다. 206명 중에는 정의당 의원들도 포함됐으며, 4명은 기권이었다.

법안의 내용을 설명한 이유가 있다. 그 법안들이 통과되는 과정에서 충분히 이슈화되지 못했기 때문이다. 정쟁이 되지 않으면 언론은 별다른 관심을 두지 않고, 언론이 별다른 관심을 두지 않으면 법안은 이슈로 주목받지 못한다. 이처럼 자본의 이해관계에 충실한 법안들이 양당의 '원만한 합의'로 통과되어왔다. 소모적인 정쟁에서 진영이나 여·야의 차이가 아닌 본질적 차이점을 발견하는 일은 쉽지 않지만, 이렇게 원만한 합의에서는 곧바로 본질적인 공통점이 발견된다.

지금 제21대 국회에서 더불어민주당이 주도하고 국민의힘이 합세하고 있는 대표적인 비쟁점 법안으로는 인사청문회에서 도덕성 검증을 비공개로 처리하는 개정안(홍영표 더불어민주당 의원 대표발의)과 부산 가덕도 신공항 건설을 추진하는 과정에서 예비 타당성 조사 절차를 생략할 수 있게 하는 특별법안 2건(한정애 더불어민주당 의원 대표발의·박수영 국민의힘 의원 대표발의)이 있다. 주호영 국민의힘 원내대표는 사전검증을 철저히 한다는 전제가 있다면 인사청문회법 개정안에 동의한다는 입장이고, '신공항 특별법안'은 부산 지역 국민의힘 의원들이 앞서서 밀어붙이고 있는 실정이다.

앞서 데이터 3법과 산업기술보호법 개정안이 자본의 이해관계를 대변한다는 점에서 양당의 합심을 불러일으켰다면, 인사청문회법 개정안은 양당의 이익에 복무한다는 점에서 현재 집권세력과 잠재적 집권세력의 이해관계가 일치한 것이다. 또 '신공항특별법안'은 부산시장 재보선 판세와 부산 지역 정치인들의 재선 여부를 판가름한다는 이슈인데, 정치인 개개인들의 이해관계가 일치한 경우라고 볼 수 있겠다.

그러므로 때로는 신문 1면을 장식하는 정쟁 사안보다 신문 귀퉁이에 실려 있는 비쟁점 사안에 우리는 주목해야 한다. 갈등은 지저분하고 협치는 아름답다는 프레임에서 적극적으로 벗어나 양당이 어떤 사안에 원만하게 합의하는지에 더 시선을 둘 때 우리는 이 양당제 체제의 진실을 길어 올릴 수 있다. 복잡한 이해관계를 조정하는 정치의 장에서 원만한 합의가 이뤄졌다는 것은 자본의 이익에 노동의 이익이, 양당의 이익에 나머지 정치집단의 이익이, 정치인 개개인의 이익에 시민들의 이익이 '양보'되고 있다는 의미일 가능성이 높기 때문이다.

| 2020.12.04.

3장 · 해장국 언론 · 을 넘어서

'기레기'를 만드는 사람들

지난 몇 주 사이에 방대한 취재와 자료조사를 바탕으로 쓰인 르포르타주 두 권을 읽었다. 《관저의 100시간》(후마니타스, 2015)과 《제인스빌 이야기》(세종서적, 2019)가 그것인데, 앞의 책은 후쿠시마 원전 사태 당시 일본 총리 관저의 대응이 어떻게 실패했는지를 치열하게 취재했고, 뒤의 책은 제너럴모터스(GM)의 공장 철수로 대량 실직이 발생한 도시 제인스빌이 어떤 고통을 겪었는지를 담담하게 취재했다.

두 책에는 흥미로운 공통점이 있다. 현직 저널리스트가 썼다는 점, 그리고 책 후기에서 그들이 속한 언론사에 감사의 인사를 전하고 있다는 점이다. 《관저의 100시간》을 쓴 기무라 히데아키는 몇 회짜리 연재로 그치지 않고 장기간에 걸쳐 르포를 연재할 수 있도록 지면을 할애한 〈아사히신문〉의 결정을 언급하면서, 다수의 정치인과 관료를 취재하는 작업이 "조직력과 자금력을 갖춘 '주요 언론'이기에 비로소 가능한 작업"이라는 점을 강조한다. 《제인스빌 이야기》를 쓴 에이미 골드스타인도 마찬가지인데, "〈워싱턴포스트〉의 뒷받침이 없었더라면 (이 책은) 세상에 나올 수 없었다"라고 고백한다. 이 작업을 진행할 수 있도록 휴직 기간을 늘려주고 안식년도 확보해주었다는 것이다.

이러한 대목을 읽다 보면 자연히 한국 언론사에서도 이런 작업이 가능할 것인지를 묻게 된다. 한때 유행처럼 만들어졌던 언론사 내 '탐사보도팀'들이 하나둘 빠르게 소멸한 사실을 떠올리면 아무래도 쉽지 않아 보인다. 〈미디어오늘〉의 2013년 9월 1일자 기사(「어느덧 전멸한 '탐사보도' 부활할 수 있을까」)에서 안수찬 전 〈한겨레〉 탐사보도팀장은 그 이유를 다음과 같이 분석했는데, 시간에 쫓기는 일간지 특성상 개별 기자들에게 충분한 시간을 확보해주지 못한다는 점, 상당한 시간과 비용을 들여 기사를 뽑아도 상업성이 담보되지 않는다는 점이다.

르포르타주라고 상황이 다를까? 《제인스빌 이야기》를 번역한 이세영 〈한겨레〉 기자는 이미 역자 후기에 이렇게 적었다. "한가지 사안에 깊이 천착하면서 사건의 전후와 맥락, 인과관계를 재구성해 장편소설 분량의 산문으로 풀어낼 수 있다는 건 호흡 짧은 기사문 작성에 특화된 일간지 기자에게는 쉽게 허락되지 않는 축복이 분명했다." 생산성과 상업성의 압박에서 자유롭지 못한 것은 르포르타주도 마찬가지일 것이다. 시간과 비용이 만만찮게 투입되고, 르포르타주의 특성상 파격적인 특종 대신 있는 그대로의 현실을 긴 글로 담담하게 담아내는데, 그런 기사는 오늘날 독자들에게 잘 팔리지 않는다. 이런 상황이니, 구독자 수가 눈에 보이게 줄어들고 있는 언론사들이 '팔리는 기사'가 아니라 '좋은 기사'를 쓰기로 결정하는 것은 상당한 용기가 필요한 일이다.

그렇다면 '팔리는 기사'는 무엇인가. 국민감정에 호소하고, 사회적 물의를 일으킨 누군가를 증오하도록 부추기고, 사회적 소수자를 무방비 상태로 내던져 논쟁을 만들고, 주목을 끌기 위해 의도적으로 맥락을 왜곡해 침소봉대하는 기사들이다. 여기서 나아가 정치적 성향에 호소하는 기사들도 있는데, 이런 기사들에 대해 언론학자인 강준만 전북대 명예교수는 '해장국 언론'이라고 표현하기도 했다. "'누가 나의 속을 후련하게 만들어주는가', 이 여부에 따라 '기레기'와 '참언론'을 가른다. 그들이 생각하는 진정한 논객과 선동가를 다루는 매체에 아낌없는 지지와 후원을 보낸다(《미디어스》, 2019년 12월 2일자, 「강준만 "'해장국 언론'을 갈망하는 게 당면한 현실"」)." '기레기'라고 욕먹어도 어쨌거나 그런 기사들은 잘 팔리고, 결국 언론사의 생존에 보탬이 된다.

당연히 좋은 언론을 만들고 좋은 기사를 써야 할 일차적 책임은 언론매체와 일선 기자들에게 있겠지만, 좋은 기사가 상업성에 기여할 수 있음을 확인해주는 것은 독자들의 몫일 수밖에 없다. 더 나은 민주주의를 지향하는 시민–독자로서의 책임감을 간과하고 오직 소비자로서 권리를 주장하는 방식만으로는 좋은 언론을 만들 수 없다. 가짜뉴스를 바로잡고 '팔리는 기사'들을 거부하는 동시에, 좋은 기사를 열심히 읽고, 공유하고, 후원함으로써 언론사를 자극하고 독려하는 것이 필요하다. 그것이 하나의 흐름이 될 때라야 우리는 《관저의 100시간》이나 《제인스빌 이야기》같이 수준 높은 르포르타주 기사들을 만날 수 있을 테고, 그런 기사들이 넘쳐날 때 우리 사회는 조금이나마 나아질 수 있을 것이다.

사실 그와 같은 기사들은 이미 우리에게 도착해 있다. 정은주 〈한겨레〉 기자(당시 〈한겨레21〉 소속)는 장장 10개월 동안 세월호 참사와 관련한 막대한 자료를 바탕으로 급변침 직후부터 101분간을 생생하게 재현해 《세월호, 그날의 기록》(진실의힘, 2016)이라는 책을 만들었다. 《관저의 100시간》과 견줄 만한 책이다. 탐사보도의 필요성을 이해하는 편집장(안수찬 기자)이 있었고, 민간기관에서 후원금과 인력을 지원했기 때문에 가능한 프로젝트였다. 《제인스빌 이야기》를 떠올리게 하는 연속 기획물도 있었다. 김동인, 김연희, 장일호 〈시사IN〉 기자들이 4개월간 전국과 일본·미국·독일의 '빈집'을 직접 찾아다니며 취재한 「빈집의 경고」도 탁월한 르

3장. '해장국 언론'을 넘어서

포르타주 기획이다.

　이외에도 상당한 시간과 공을 들인 좋은 기사들을, 찾고자 한다면 하루에도 십수 개는 찾아볼 수 있다. 그러고 싶지 않은 독자들이 있을 뿐이다. 좋은 독자 없이 좋은 언론은 존재하기 어렵다.

| 2019.12.17.

화성연쇄살인사건과
오래된 질문

형이 확정되지 않은 용의자의 이름을 공개해도 되는가? 이제는
더 이상 아무도 묻지 않는 듯한 이 질문이 다시 떠올랐다. 33년
만에 화성연쇄살인사건의 용의자가 특정된 놀라운 사건이 그 계
기다. 언론들은 여지없이 이 특종에 달려들었고, 홍수처럼 쏟아진
보도들은 망설임 없이 용의자의 실명을 노출했다.

　　그간 경찰과 언론은 '용의자 실명 공개'라는 이슈에 대해 국
민의 알 권리를 강조하면서 '그래도 된다'라고 대답해왔다. 반면
에 공개해선 안 된다는 쪽에서는 무죄추정의 원칙과 이중처벌 금
지의 문제를 들면서 '그러면 안 된다'라고 답해왔다. 어느 쪽 입장

　　　　　　　　　　　3장. '해장국 언론'을 넘어서

이건, 지금까지의 논쟁은 대체로 용의자가 진범이라는 자백과 증거가 확고하다는 전제 위에서 이뤄졌다는 점을 기억할 필요가 있다. 그래서 '국민의 알 권리'라는 말은 나름대로 그럴듯하게 들려왔던 것 같기도 하다. 하지만 이번 사건에서 언론의 보도 양상은 그것이 얼마나 허울 좋은 명분이었는지를 잘 보여주고 있다.

우선 그동안 언론과 합을 맞춰 수사과정을 공개해온 경찰이 이번 사건에서만큼은 상당히 신중한 자세를 취하고 있다는 점이 중요하다. 진범임을 확신한다는 식의 공식 발표를 하지 않았고, 용의자의 실명도 공개하지 않았다. 2019년 9월 24일 현재 경찰은 3회에 걸친 용의자 조사를 끝냈고, 책 280권 분량의 과거 수사기록을 재검토하는 중이라고만 밝혔다. 몇몇 언론들은 이러한 신중함이 화성연쇄살인사건이 공소시효가 끝난 사건이고 최근 조국 장관 수사로 '피의사실 공표금지 원칙'이 화두에 올랐기 때문이라고 분석하고 있다. 용의자가 혐의를 부인했으며 DNA 검사 외에 다른 증거가 아직 없다는 점도 신중론의 근거다.

이 같은 경찰의 신중함에 발맞춰 〈한겨레〉〈경향신문〉〈연합뉴스〉〈중앙일보〉 등의 주요 언론들이 아직까지 용의자를 '이 아무개' '이모 씨' 등으로 표기하고 있는 반면, 일부 언론은 오히려 앞장서서 용의자의 실명을 공개하며 이모 씨를 진범으로 확정 짓는 보도를 이어가는 모양새다. 최초 보도를 한 〈채널A〉는 물론이고 〈JTBC〉〈한국일보〉〈조선일보〉 등이 여기에 포함된다.

이번 사태에서 가장 납득하기 어려운 보도행태를 보인 언론은 〈노컷뉴스〉와 〈문화일보〉다. 〈노컷뉴스〉는 2019년 9월 19일 보도한 「이○○는 'O'형, 화성 용의자는 'B'형…이○○ 진범인가?」(필자 임의로 가명 처리)라는 기사에서 용의자의 혈액형이 사건 당시 수사결과 나온 혈액형과 일치하지 않는다는 의문을 제기하면서도, 제목과 기사 본문에서 용의자의 실명을 그대로 공개했다. 〈문화일보〉 역시 사건 당시 수사결과와 배치되는 지점을 짚은 9월 20일자 기사 「99.9% 진범이라지만… 아직 풀어야 할 '3대 의문점' 있다」에서마저 실명을 노출시켰다.

〈노컷뉴스〉와 〈문화일보〉는 진범이 확실할 때만 실명을 공개해야 한다는 최소한의 윤리와 책임감을 내던진 보도로 그들에게 용의자 실명 공개와 관련해 아무런 원칙도 없다고 자백한 셈이다. '진범이 아닐 가능성'을 보도하면서 정작 그 보도가 전하는 메시지를 완전히 간과한 이 기사들은 기자들이 어떤 소명의식으로 취재하고 보도하는지에 대해서 근본적인 불신감을 품게 만들었다.

〈YTN〉은 여기서 한술 더 떴다. 혈액형 문제를 보도한 9월 20일자 기사(「이○○ 혈액형 O형인데 화성살인 수사기록엔 B형?」)에서 "〈YTN〉은 화성연쇄살인사건의 유력 용의자 실명을 피의자 인권 등을 고려해서 익명으로 방송을 했다"라면서도 "이○○의 경우에는 이미 대부분의 언론에서 실명이 공개돼 익명 처리의 실효성이 없어졌다고 판단했다"라고 전했다. 이 경우 '익명 처리의 실효성'

만큼이나, 용의자가 이미 무기수로 복역 중이라는 점을 상기했을 때 '실명 공개의 실효성' 역시 의심되는 상황이다.

또 이러한 판단이 진범이 아닐 수도 있다는 정황을 보도하는 기사에서 언급됐음을 고려하면 익명 처리의 문제보다 실명 공개의 위험성이 가장 크게 도드라지는 상황임에도 불구하고 〈YTN〉은 실명을 공개하는 결정을 내린 것이다. 그렇다면 〈YTN〉이 이야기하는 실효성이란 무엇일까? 보도 경쟁에서 뒤처지는 언론이 될 바에는 인권과 원칙을 과감하게 내던지는 것이 실효성이 낫다고 판단한 게 아닌지 의심되는 대목이다.

용의자가 진범이 아니라는 주장을 펼치고자 하는 것은 아니다. DNA가 일치하면 99%의 확률로 진범이라는 전문가들의 말을 믿지 않을 이유도 없다. 그렇다면 왜 지금 용의자 실명 공개 이슈를 거론하는가? 이 사건이 다른 사건도 아닌 화성연쇄살인사건이기 때문이다. 이 사건의 역사는 피의사실과 용의자 실명의 성급한 공표가 어떤 결과를 낳는지 보여준다.

〈경향신문〉은 9월 23일자 기사(「'화성 사건' 누명 쓴 시민들…석방 이후 목숨 끊고, 루머 시달려」)에서 타당한 근거 없이 화성연쇄살인사건의 용의자로 내몰려 전국에 이름이 알려진 결과 무죄 석방 이후에도 일상을 되찾지 못한 사람들의 사연을 소개했다. 결국 그중 한 사람은 우울증에 시달리다 스스로 목숨을 끊기까지 했다.

보복의 관점이 아닌 사회적 필요의 관점에서 현재 상황을 천천히 다시 따져보자. 용의자는 무기수다. 어디 도망갈 수 없고, 증거를 인멸할 수 없다. 경찰은 수사 전략의 일환으로 용의자의 TV 시청도 금지했다고 한다. 용의자는 범행을 부인했다. 과거 수사자료에 근거한 몇 가지 의문점들이 제기되었고, 경찰은 15만 장에 달하는 수사기록을 다시 살피고 있다. 급할 까닭은 없고 신중할 필요는 많다. 적어도 이번 사건에 관한 한 아직까지는, 언론이 인권 보호의 원칙을 어겨가면서까지 용의자의 실명을 공개할 이유는 없다.

| 2019.09.24.

'오보 권하는 사회'를 넘어서려면

일본군 '위안부' 피해생존자 이용수 선생님의 5월 7일 기자회견 직후 한 달 조금 넘는 시간이 흘렀다. 그 짧은 시간 동안 정의기억연대(정의연)에 관한 보도가 그야말로 홍수처럼 쏟아졌다. 의혹을 던지는 언론매체는 수십 곳인데 의혹에 답할 정의연은 단 한 곳이었다. 정의연이 각각의 의혹들에 해명하는 사이에 더 많은 의혹들이 쌓이는 일이 반복됐다. 그렇게 정의연이 '비리단체'의 낙인을 벗어나지 못하는 채로 한 달 넘게 흘러오고 있다.

이런 상황이니 쏟아진 보도들 가운데 합리적인 의혹을 제기하는 보도는 얼마나 됐으며, 왜곡된 보도나 명백한 오보는 또 얼

119

마나 됐는지 따져보는 대차대조표를 그려볼 필요도 있겠다. 다만 지금 시점에서 분명한 것은, 성찰과 개선이 필요한 문제제기도 물론 더러 있었으나, 최소한의 팩트체크도 거치지 않은 듯한 함량 미달의 오보들이 상당수 있었다는 점이다.

대표적인 예로 〈조선일보〉가 2020년 5월 12일 1면에 대대적으로 보도한 '맥주값' 의혹(「맥주값 3339만원 썼다던 정의연, 430만원 결제」)을 들 수 있다. 국세청에 공시된 정의연의 기부금 활용실적 명세서상 맥줏집에서 3000여만 원을 썼다는 내용에 의혹을 제기한 것인데, 이는 명세서 양식에 따라 여러 건의 지출항목을 '대표지급처'와 '총 지급액'으로 묶어 기록한 것을 잘못 읽은 오보였다(〈미디어스〉, 2020년 5월 12일자, 「정의연·윤미향 향한 보수언론의 도넘은 공세」). 정의연은 기자회견과 언론 인터뷰를 통해 이 보도가 오해임을 해명했으나, 〈조선일보〉는 아직까지 정정보도를 하지 않고 있다.

탈북자 1인의 증언에만 의존한 보도(〈조선일보〉, 2020년 5월 21일자, 「윤미향 부부, 위안부 쉼터서 탈북자 월북 회유」), 2016년에 조성된 '김복동 장학금'을 윤미향 더불어민주당 의원의 딸이 2012년에 수령한 것 같다는 추측성 보도(〈조선일보〉, 2020년 5월 30일자, 「윤미향, 자기 딸 학비 '김복동 장학금'으로 냈다」)도 있었다. 이 보도들은 크로스체크를 거치지 않았거나(〈미디어오늘〉, 2020년 5월 26일자, 「조선일보의 '교묘한' 윤미향 월북 회유 보도의 '진실'」) 억측으로 밝혀졌다(〈오마이뉴스〉, 2020년 5월 30일자, 「윤미향 딸 학비가 김복동 장학금? '조선'이 외면한 실체」).

조선일보는 이 보도들도 정정하지 않았고, '김복동 장학금' 기사만 온라인판에서 윤 의원의 해명을 반영하고 표현을 일부 수정하는 수준에 그쳤다.

물론 언론이 매일 기사를 내는 과정에서 단 한 건의 오보도 없을 수는 없다. 아무리 시스템을 잘 갖춰도 오보는 나올 수밖에 없으며, 때로는 오보의 위험성을 감수한 무리한 보도가 세상을 바꾸는 시작점이 되기도 한다. 문제는 언론이 얼마나 책임감 있게 그것을 바로잡느냐는 점이다. 오늘날 극단화된 정치 지형 속에서도 언론의 생명이 여전히 '신뢰'에 있다고 말할 수 있다면, 잘못된 사실을 내보낸 언론이 오보를 바로잡는 것은 기사를 올바르게 내는 것만큼이나 중요한 의무인 셈이다.

오보를 바로잡는 일이 중요하다는 데 공감하지 않을 사람은 별로 없겠지만, '어떻게'에 대해서는 종종 의견이 갈린다. 어떤 방식으로 정정할 것인가, 그리고 얼마나 빨리 정정할 것인가. 오보가 치명적인 것은 잘못된 사실이 퍼져나가는 속도와 그것이 바로잡히는 속도가 전혀 다르기 때문이다. 첫 오보는 1면에 떠들썩하게 나지만, 그것을 정정하는 보도는 수개월에서 수년이 흐른 뒤 눈에 띄지 않는 지면에 슬그머니 난다. 대체로 사람들이 첫 보도를 잊어버린 뒤의 일이다. 이런 사례는 현대사에서 수도 없이 찾아볼 수 있다. 이런 비대칭 때문에 오보를 바로잡는 방법이 중요하다는 것이다.

흥미롭게도 최근 주요 언론사들이 잇따라 관련한 대책을 내놓고 있다. 앞서 예로 든 〈조선일보〉는 6월 1일, "오직 팩트"라는 구호를 외치며 매일 2면에 1개 이상의 정정보도를 싣겠다고 발표했다. 또한 "오보로 현실을 중대하게 왜곡하거나 타인의 명예에 상처를 입힌 경우 잘못을 바로잡고 사과하는 데 그치지 않고 오보를 낸 경위까지 밝히겠"다는 방침을 내놨다. 〈한겨레〉는 저널리즘 책무실을 만들어 외부 전문가들에게 감시역을 맡겼고, 5월 22일에는 '윤석열 검찰총장 별장 접대 의혹' 오보의 바로잡기를 통해 정정보도의 한 전형을 세운 바 있다(〈미디어스〉, 2020년 5월 22일자, 「한겨레, '윤석열 접대 의혹' 보도 7개월 만에 사과」). 〈KBS〉는 지난 4월 인터넷뉴스에 대한 가이드라인을 개정했다. 보도가 오보로 밝혀지거나 일부 사실관계 오류가 확인된 경우 온라인에 게재된 기사 본문에 관련 사실을 명시하겠다는 것이다.

한편에서는 제도적 개입을 주장하는 목소리도 나온다. 언론사의 오보 정정보도 위치를 첫 지면에 두도록 강제하자거나(한상혁 방송통신위원장), 오보나 왜곡보도에 따른 손해액의 최대 3배를 배상토록 하는 '징벌적 손해배상제'를 도입하자는(정청래 더불어민주당 의원) 주장들이 그것이다. 이러한 주장들에는 일견 타당한 지점도 있어 보이나, 그 주장이 주로 언론의 견제 대상인 정치권에서 나온다는 점에서 우려되는 지점 또한 존재한다. 특히 징벌적 손해배상제 도입이 정권의 방향성에 따라 언론의 자율성을 위협하는 조치가 될 수 있다는 반론은 귀담아들을 필요가 있다.

언론사의 자체 대책 마련으로 나름의 개선이 이뤄지고 있고, 제도적인 개입은 고려할 지점이 아직 많다. 그런데 단지 이것으로 충분할까. 독자인 우리들이 할 수 있는 일은 없을까. 우리가 그간 언론의 오보에 대해 어떤 태도를 취해왔는지를 검토해보자. 상당한 시간이 흐른 뒤 게재되는 정정보도에 독자들은 얼마나 관심을 가져왔는지 말이다. 〈조선일보〉가 자신들의 신뢰도를 위협할지 모를 불성실한 기사를 거침없이 내보낼 수 있는 것은 대부분의 독자들이 '진실'보다는 '정치적 유불리'를 판단하는 데 더 관심이 있다는 사실을 알고 있기 때문 아닐까. 결국 정치를 진영논리에 입각한 게임으로 대하는 어떤 태도가 언론사의 '오보 장사'를 가능케 한다는 이야기다.

언론은 자기 진영의 독자들에게 호소할 수 있으니 충분히 검증되지 않은 기사를 뿌리고, 독자들은 기꺼이 그 기사들을 팔아준다. 오보는 그렇게 반복된다. 이 악순환의 고리를 벗어나기 위해 독자로서 우리들이 할 수 있는 노력을 하지 않고서 언론 탓만 하고 있기엔 오보가 가지는 영향력이 너무 크다.

| 2020.06.15.

'다른' 청년은
어디에나 있다

90.9%. 무슨 숫자일까? 2018년도 기준 신문기자 중 대학교 졸업 이상의 학력을 소지한 사람의 비율이다(〈2019 한국언론연감〉). 60.1%. 이건 또 무슨 숫자일까? 2016년도 2월 기준 방송기자 중 '스카이(SKY)'를 졸업한 사람의 비율이다. 방송기자연합회에서 2016년 초 〈KBS〉〈MBC〉〈SBS〉〈YTN〉 기자 1287명을 대상으로 조사한 결과다. 80.6%. 마지막 숫자다. 2000년부터 2017년까지 〈조선일보〉가 채용한 신입기자 232명 중 '스카이'를 졸업한 사람의 비율이다. 서울대 졸업자만 추리면 47%라는 숫자가 나온다(〈미디어오늘〉, 2018년 7월 2자, 「조선일보 입사기자 2명 중 1명은 서울대 출신」).

꼭 통계자료를 인용해야만 이해할 수 있는 사실도 아니다. 기자들은 대체로 고학력자다. 새롭지 않은 사실이다. 이 사실이 하나의 편향을 만든다. 청년이라고 인용되지만 실은 대부분 인서울 4년제 대학생의 입장만 반영된 기사들이 그렇다. 물론 단지 기자들이 고학력자이기 때문만은 아닐 것이다. 충실한 취재와 노력이 있다면 고학력이 아닌 청년들의 이야기를 충분히 발굴할 수 있다. 진짜 문제는 대개의 기자들이 자신이 살아온 세계 너머를 바라볼 수 있는 시야를 갖추지 못했거나, 또는 갖추려 하지 않는 것처럼 보인다는 점이다. 역시 새롭지 않은 사실이다.

'청년 좌담회'니 '청년 릴레이 인터뷰'라든지 하는 기획 기사가 이따금 나오지만, 취재원들의 면면을 뜯어보면 대다수는 대학생들이다. 청년들이 겪는 어려움을 보도하는 심층분석 기사들도 곧잘 대학생들의 어려움을 청년의 어려움으로 대표시킨다. 인서울 4년제 대학생이 아닌 청년들에 관한 기사는 별도의 꼬리표를 달고 나온다. '지방대학생의 목소리' '특성화고 졸업생 현장 르포'와 같이. 청년이라는 대표성은 인서울 4년제 대학생들이 독식하고, 나머지 잔여물을 그외의 청년들이 나눠 갖는 모양새다.

최근 인천국제공항공사 비정규직 정규직화 논란에서도 언론들은 똑같은 문제를 반복하고 있다. 해당 논란이 다시 한번 '공정성' 문제를 끄집어내면서다. 공정성이 화두가 되자 모처럼 청년세대의 목소리를 청취하겠다는 기사들이 넘쳐나고 있다. 특히 보수

언론에서 그렇다. 기사들은 대체로 비정규직 정규직화가 공정하지 않다고 '분노'하는 청년들의 목소리를 담았다. 그런데 천천히 취재원들의 면면을 살펴보면 공통점이 바로 보인다. 대부분 대학생들이고, 대체로 인서울 명문대생들이다.

대표적인 사례가 〈매일경제〉의 2020년 7월 5일자 기사(「2030세대 "아무리 뛰어도 우리앞엔 기울어진 운동장"」)다. 조국 전 장관 사태, 부동산 논란, 인천국제공항공사 논란 등을 계기로 가시화된 청년들의 '분노'를 인터뷰로 풀어냈다. 이 기사에는 정당 관계자와 공사 재직자를 제외하면 네 명의 청년 인터뷰이가 나오는데, 모두 소위 명문대(서울대·고려대·한양대) 출신이다. 기사는 이들의 목소리를 빌려 청년들이 "'공정'과 '정의'를 표방하는 문재인 정부에 등을 돌리고 있다"라고 말하고 있다. 정치권도 비슷하다. 미래통합당이 6월 29일에 주최한 '인국공 성토대회'에는 모두 세 명의 청년이 발언자로 나섰는데, 익명을 자처한 한 사람을 제외하면 역시 모두 소위 명문대(연세대·홍익대)를 나왔다. 그리고 언론은 이들의 목소리를 적극적으로 받아 적었다.

이렇듯 명문대 출신들의 목소리만 담아내는데 청년들의 여론을 제대로 비출 수 있을 리 만무하다. 두 가지 질문이 필요하다. '좋은 직장'을 꿈꿀 수 있는 청년들은 누구인가? 비정규직이 될 수밖에 없는 청년들은 누구인가?

먼저, 좋은 직장을 꿈꿀 수 있는 청년들은 누구인가? 2019

년에 잡코리아와 알바몬이 취업준비생 927명을 대상으로 '목표기업'을 조사한 결과에 따르면, 4년제 대졸자의 62.2%가 공기업·대기업·외국계기업 취업을 희망한다고 답한 반면, 고졸자는 31.3%에 그쳤다. '취업만 된다면 어디든' 가겠다고 답한 비율도 4년제 대졸자는 20%가 채 되지 않는 데 비해 고졸자는 46%에 육박했다. 비정규직이 될 수밖에 없는 청년들은 누구인가? 한국직업능력개발원이 2015년에 노동자 474만 명을 대상으로 조사한 결과에 따르면, 전체 비정규직의 23%가 고졸이거나 그 이하의 학력을 가진 사람들이었다. 비정규직 중 대졸자 비율은 8.9%에 불과했다. 상황이 이런데도 청년들의 목소리를 듣겠다는 기사에서 고졸 청년들의 목소리를 찾아보기는 힘들다.

기자들이 왜 이러는가. 몇 가지 가설이 있다. 물론 첫 번째는 정치적 의도다. 특히 보수언론에서 이런 경향이 자주 나타나는 건 자신들의 주장을 펴는 데 도움이 되기 때문일 것이다. 지금 인천국제공항공사 논란과 관련해 가장 반발하는 것이 바로 공기업 취업을 준비하고 있던 인서울 명문대생이고, 이들의 목소리를 청년으로 과대 대표화하여 담아내면 기사는 자연히 비판적 논조를 확보하게 된다.

두 번째는 대부분 대졸자인 기자들의 주변 인맥이 한정적이기 때문이다. 청년 인터뷰이를 구해야 하는데, 가장 간편한 방법은 역시 주변 사람을 통해 섭외하는 것이다. 그런데 주변 사람도 대부분 대졸자이고, 그들의 주변 사람도 역시 대졸자가 대부분이다. 인맥으로 섭외하지 않고 직접 거리에서 인터뷰이를 구하는 경우도 있다. 하지만 이 경우에도 청년들이 많을 것이라고 여겨지는 '대학가'를 찾아가 구하는 경우가 많다. 그렇게 인터뷰이 대다수가 대학생 청년으로 채워진다.

물론 기본적으로 대학 진학률이 매우 높은 것도 하나의 원인일 것이다. 한국은 청년세대 10명 중 7명이 대학에 진학하는 나라다. 대졸자가 압도적으로 많은데 청년 인터뷰이 대부분이 대학생인 것이 무엇이 문제냐고 얘기할 수도 있다. 하지만 인천국제공항공사 논란의 한 축이 비정규직 문제이고, 앞서 살펴봤듯이 비정규직의 다수가 '인서울 4년제 대학 졸업생'이 아니다. 그렇다면 이논란을 다루는 기사에는 고졸이거나 지방대학을 나온 청년 인터뷰이의 목소리가 균형 있게 담겨야 맞지 않을까.

그처럼 '다른' 청년들의 존재를 찾지 못했다고 말하지 말자. 찾고자 하면 찾을 수 있다. 예를 들어 전국금속노동조합에 속한 청년 노동자 261명이 지난 6월 30일에 "정규직화가 옳다"는 제목의 성명을 냈다. 인천국제공항공사 보안검색 비정규직 노동자의 정규직화에 찬성한다며 "직접고용을 누군가의 일자리를 빼앗는 짓으로 왜곡해선 안 된다"는 성명서에서 이들은 다음과 같이 자신들을 소개했다. "우리는 뜨거운 용광로 앞에서, 콜센터에서, 조선소 크레인 위에서 일하는 청년노동자입니다. 누군가는 정규직

　　　　　　　　　3장. '해장국 언론'을 넘어서

이고, 누군가는 사내하청 비정규직이며, 누군가는 특수고용 노동자입니다." '다른' 청년들은 어디에나 있다. 단지 그들의 목소리를 찾아 듣고자 하는 기자들이 많지 않았을 뿐이다.

| 2020.07.13.

"진짜 미투를 지키겠다"는 말이 지지받지 못하는 이유

최근 〈경향신문〉 내부를 시끄럽게 하는 이슈가 하나 있다. 강진구 〈경향신문〉 기자가 2018년 성추행 가해자로 지목된 박재동 화백의 사건에 '가짜 미투'라는 의혹을 제기하는 기사를 작성해 데스크 검토 없이 온라인으로 송고했고, 수 시간 만에 삭제된 사건이다(〈미디어스〉, 2020년 7월 29일자, 「경향신문 '박재동 가짜미투 논란' 보도가 삭제된 이유」).

이후 강 기자는 자신의 SNS를 통해 기사를 삭제한 신문사를 비판하는 등 거의 매일같이 다양한 말들을 쏟아내고 있다. 이 일련의 사건은 〈미디어스〉 〈미디어오늘〉 두 언론비평지에 의해 주로 다뤄지고 있고, 〈굿모닝충청〉 〈뉴스프리존〉 등 지역지와 인터넷신문을 제외하면 크게 다뤄지고 있진 않다. 하지만 강 기자의 논리들은 한번 따져볼 구석이 있는 듯하다. 우리 사회에서 종종 통용되는 논리와 양상이 관찰되기 때문이다.

박 화백 사건에 대해 2019년 11월에 1심 판결이 있었는데, 원고(박 화백)의 진술이 일관되지 않고 피해자의 진술이 일관적이었다는 요지로 원고의 패소로 결론이 났다(〈미디어오늘〉, 2020년 8월 1일자, 「박재동 성추행 사건 판결문은 어땠나」). 이런 판결이 있었음에도 불구하고 가해자(박 화백) 측 증언만을 인용했다는 비판이 강 기자에게 제기됐다. 그러자 그는 '판결문에 기댄 안전 저널리즘'이라고 반박했다. 사법부의 판단이 언제나 절대적인 진실은 아니라는 것이다.

말만 놓고 보면 틀린 얘기는 아니다. 단적인 예로 법원 판결이 노동 문제에 있어 자본 쪽으로 곧잘 기울어진다는 비판은 수많은 사례로 입증되어 왔다. 법원의 판결이 절대적인 진실이라는 믿음은 과장된 측면이 있다.

그런데 문제는 이 판결이 성폭력 문제에 관한 것이라는 점이다. 성폭력 문제에서 법원이 기울어진 쪽은 남성-가해자 쪽이다. 이 역시 수많은 사례로 입증되었고, 여전히 입증되고 있다. 2019년 9월 송기헌 더불어민주당 의원이 공개한 자료에 따르면 '성폭력범죄의 처벌 등에 관한 특례법' 위반 혐의에 대해 법원이 집행

유예를 선고한 비율은 되레 증가하고 있다(2014년 24.8%에서 2019년 35.4%로 증가). 이런 '적극적인 감형'의 사유들은 종종 다음과 같은 것들이다. 가해자가 어려서, 앞날이 창창한 대학생이라서, 음주 상태였기 때문에….

이런 법원에서 여성-피해자의 증언이 받아들여지고 남성-가해자의 증언에 신빙성이 없다는 판결이 나왔다. 그렇다면 '절대적 진실'까지는 아닐지라도, 충분히 신뢰할 수 있는 판결이라고 판단할 수 있지 않을까.

그럼에도 불구하고 법원의 판결을 신뢰할 수 없다면 왜 그런가를 입증하는 일이 중요하다. 강진구 기자가 그 근거로 드는 것은 크게 두 가지로 보인다. 먼저 피해자와 동료 작가 사이의 카톡 대화를 보면 피해자가 할 말들이 아니라는 점이다. 그런데 〈미디어오늘〉의 보도에 따르면 강 기자가 기사에서 인용한 카톡 대화는 '짜깁기'된 것이라고 한다. 피해자가 피해 사실을 호소하는 부분은 잘라내고, '피해자가 할 말들이 아닌' 것처럼 보이는 부분만 드러냈다는 것이다(〈미디어오늘〉, 2020년 8월 7일자, 「박재동 성추행 '가짜미투' 의혹 제기 카톡의 '진실'」). 짜깁기에 따른 사실 왜곡임은 물론이고, '피해자다움'을 기자가 상상하는 어떤 이미지로 고정해놓고 '피해자답지 않음'을 재단하고 있다는 점에서 문제적인 근거다.

두 번째로 피해자가 성추행을 당한 날 이후 다시 박재동 화백에게 결혼 주례를 부탁하러 온 것이 이해되지 않는다는 점이다.

앞서 카톡 대화 의혹제기와 마찬가지로 '피해자답지 않음'을 문제 삼는 방식이다. 하지만 2018년 1월, 서지현 검사의 미투 이후 수많은 여성들이 오래전 피해 사실을 고발하고 나선 것을 떠올려보라. 서 검사에게서 용기를 얻었기 때문일 수도 있지만, 미투를 경유한 사회적 의제화로 과거 자신이 당했던 것이 성폭력이었고, 예민하게 반응했던 자신이 이상한 게 아니었다는 사실을 깨달았기 때문이기도 하다. 이외에도 피해자가 가해자에게 다시 결혼 주례를 부탁하게 된 이유를 설명할 방법은 많다.

그 보수적이라는 법원조차 안희정 전 충남도지사의 항소심에서 "개별적, 구체적인 사건에서 성폭행 피해자가 처한 특별한 사정을 충분히 고려하지 않은 채 피해자 진술의 증명력을 가볍게 배척하는 것은 정의와 형평, 논리와 경험의 법칙에 따른 증거판단이라고 볼 수 없다"라고 판결한 바 있다. 적어도 진보언론인 〈경향신문〉에서 법원보다도 낡은 전제로 작성된 기사를 삭제하는 것은 당연한 일이 아닐까.

강진구 기자가 '가짜 미투'라는 조어를 반복해서 사용하는 것도 우려스러운 일이다. 그는 '가짜 미투'를 바로잡는 일이 '진짜 미투 피해자'들을 보호하는 일이라고 강변한다. 그런데 이러한 조어와 논리는 2015년 이후 페미니즘 운동에 대해서도 비슷하게 제기되어왔던 '지금의 페미니즘은 가짜 페미니즘이고, 진정한 페미니즘이 피해를 보고 있다'는 식의 논리구조와 상응한다. 하지만

'진정한 페미니즘'을 얘기하는 사람치고 페미니스트로서 실천하는 사람이 없듯이, '진짜 미투'를 지켜야 한다고 말하는 사람이 실제 미투 고발자들과 얼마나 연대해왔는지는 잘 모르겠다.

설령 정말로 무고일 가능성이 높다고 해도, 이를 쟁점화하기 위해 '가짜 미투'라는 조어를 만들 필요는 없다. 이런 식의 단어 만들기는 미투를 못마땅하게 생각해온 사람들에게 무기를 쥐어주고, 결과적으로 대부분의 미투 고발자들에게 의심의 시선이 이어지게 만들 뿐이다. "진짜 미투를 지키겠다"라고 강변하는 강 기자가 정작 미투 고발자들과 연대해온 여성들에게는 지지받지 못하고, 안희정 전 지사와 박원순 전 시장 등 지난 사건들에서 반복적으로 피해자의 반대편에서 발언했던 남성들에게는 적극적인 지지를 받는 이유가 있다면 바로 이 때문일 것이다.

| 2020.08.19.

위선에 대한 분노가
향할 곳

꼭 1년 전인 2019년 1월, 동물권단체 케어(CARE)의 박소연 대표가 케어에서 구조한 동물들 다수를 무분별하게 안락사시켜왔다는 보도가 있었다. 당시 이 보도는 상당히 화제가 됐다. 동물권에 대한 관심이 크게 높아지던 시기였고, 케어는 대표적인 동물권단체였다. 문재인 대통령이 유기견 '토리'를 입양한 단체로도 유명했다.

그런 단체에 이렇게 충격적인 의혹이 제기되자 후폭풍이 거셌다. 가장 일반적이었던 반응은 바로 '시민단체의 위선'을 향한 분노 또는 냉소였다. 동물을 위하는 척 거액의 후원금을 모아놓고는 결국 동물 보호는 뒷전이고 대표 잇속만 챙겼냐는 것이다. 안 그래도 시민단체들에 대한 시선이 썩 곱지만은 않았던 한국 사회였기에, 이 일은 한 단체를 향한 불신에 그치지 않고 시민단체 전반을 향한 불신으로까지 이어졌다.

하지만 이 사건에 대한 반응은 단지 냉소로 그쳐선 안 됐다. 적어도 '동물이 보호받아야 한다'는 주장에 동의한다면 말이다. 박소연 대표의 충격적인 행각에 묻힌 사실들이 있었다. 그의 행각을 언론사에 제보한 것은 케어의 전현직 직원들이라는 사실이 첫 번째다. 우리는 이 간단한 사실로부터 케어에서 활동하는 사람들이 진심으로 동물들을 걱정하고 있다는 사실을 알 수 있다. 그럼에도 케어라는 단체, 나아가 시민단체의 진정성을 의심하고 냉소하고 마는 것은 너무 쉬운 선택지다. 두 번째는 보도 이후 직원들이 '케어 대표 사퇴를 위한 직원연대'를 결성하고 치열하게 내부 투쟁했다는 사실이다. 동물이 보호받는 사회가 되기를 바랐다면, 케어가 다시 동물을 구조하는 진정성 있는 단체로 거듭나게 하기 위해 싸우겠다는 직원들에 대한 지지와 연대가 필요했다.

1년이 지난 지금 이 얘기를 다시 꺼내는 것은 최근 한국의 대표적인 진보언론인 〈경향신문〉과 〈한겨레〉에서 있었던 논란 때문이다. 지난 12월 〈경향신문〉에서는 사장이 기업의 협찬금을 대가로 비판성 기사를 삭제하는 사태가 발생해 크게 논란이 됐다(〈미디어스〉, 2019년 12월 22일자, 「'독립언론' 경향신문서, 협찬금 대가로 기사 삭제

파문」). 사태가 세상에 알려지자 사람들은 '경향신문 너마저'를 읊조리며 크게 실망했다. 〈경향신문〉조차 이렇다면 무슨 언론을 믿을 수 있겠냐고 한탄하는 사람들도 더러 있었다. 하지만 이 일을 세상에 알린 것이 바로 〈경향신문〉 기자들로 이루어진 한국기자협회 경향신문지회라는 사실을 잊어서는 안 된다. '〈경향신문〉조차' 이런 일이 생겼지만, '〈경향신문〉이기 때문에' 이 일은 알려질 수 있었다.

　　지난 6일 보도되어 세상에 알려진 〈한겨레〉 편집팀의 편집국장 규탄 성명도 마찬가지다. 이 성명에서 편집팀 기자들은 새해 첫 지면의 레이아웃 편집 및 제목이 편집국장의 일방적 지시로 수정되었다는 점을 짚으며 '독선적 리더십'을 비판했다(〈기자협회보〉, 2020년 1월 6일자, 「한겨레 편집팀 성명 "편집국장의 독단적 편집권 거부"」). 〈경향신문〉 사태에 이어 〈한겨레〉에서도 편집권과 관련한 비민주적 사건이 있었다는 사실이 알려지자 진보언론의 위선을 비난하는 목소리들이 높아졌다. 그러나 역시 이 일을 공론화한 것이 바로 〈한겨레〉 기자들 본인이라는 점을 놓치지 말자.

　　그러고 보면 오랫동안 위선이라는 단어는 진보진영을 향해서만 쓰여왔다. 이른바 '입진보'라는 말은 '진보진영의 위선'을 함축하는 말로 지금도 널리 쓰이고 있다. 이 말을 풀어쓰면 이런 뜻일 것이다. "도덕적이고 정의로운 척은 다 하더니, 너희도 똑같이 더러운 놈들이었어." 동물권단체 케어, 〈경향신문〉, 그리고 〈한겨레〉에 대한 냉소들 역시 이 맥락에 있다.

그러나 위선에 반발하여 향한 길이 '똑같은 더러움'이어선 안 되는 것 아닐까. 어떤 대상이 위선적인 것으로 판명되었다 한들, 그 대상이 좇던 가치 자체가 무의미해지는 것은 아니며, 쉽게 냉소하고 내다 버리기엔 우리 사회에 선한 가치를 가득 채우는 일이 너무나도 필요하다. 그러므로 필요한 것은 '도덕적이고 정의로운 척'에서 '척'을 떼어내는 것, 즉 '진정으로 도덕적이고 정의로운 것'을 좇는 일이다. 그것이 어렵다면, 그러한 가치를 좇기 위해 투쟁하는 사람들을 응원하고 지지하는 일이라도 할 수 있을 것이다.

시민단체가 없는 것보다는 있는 것이, 〈경향신문〉과 〈한겨레〉가 없는 것보다는 있는 것이 한국 사회의 진보를 위해 낫다고 믿는다. 시민단체와 진보언론에 진실하게 활동하고자 하는 사람들이 있고 그들이 위선에 맞서 참된 정의로움을 이루기 위해 싸우기를 멈추지 않는 한, 그들의 싸움을 지켜보며 격려하는 것은 우리 시민들의 일이다.

| 2020.01.16.

4장

꽃조차 놓이지 않은 죽음

'이야기'가 되지 못한
죽음들

매년 4월 28일은 '세계 산재 사망 노동자 추모의 날'이다. 산업재해로 사망한 노동자들을 추모하고 두 번 다시 이런 죽음이 없게 하자며 결의를 다지는 날이다. 산업재해를 다루는 한국산업안전공단은 매년 이맘때면 지난해의 산업재해 통계를 발표하고, 노동단체들은 이날을 앞두고 도심 곳곳에서 산재 추방 캠페인을 벌인다. 올해 4월 28일도 예년처럼 산 자들은 죽은 자들을 기리고 산재 추방을 결의했다.

그런 추모와 결의가 무색하게도 2020년의 4월 29일은 끔찍한 하루였다. 경기도 이천의 물류센터에서 화재가 발생해 38명의 노동자가 사망했다. 이들 중 29명이 일용직 노동자였으며 그중 3명은 외국인 노동자였다. 사고의 원인은 아직 조사 중이지만, 건축산업의 고질적 문제로 제기되어온 우레탄폼 샌드위치패널이 피해를 키웠다고 지적된다.

우레탄폼 샌드위치패널은 단열과 방음에 효과적이고 가격이 저렴해 건설 현장에서 많이 쓰이는데, 불이 잘 옮겨붙는 데다 불이 붙으면 유독가스까지 배출해 대형 사고의 원인으로 지적되어 왔다. 1999년의 씨랜드 청소년수련원 화재, 2008년의 이천 냉동창고 화재, 2017년의 제천 스포츠센터 화재 등 대형 화재 사건들에서 우레탄폼 샌드위치패널이 문제를 키웠다는 지적이 나왔다. 2018년에 밀양 세종병원에서도 비슷한 사고로 47명이 사망했다. '이제는 바꿔야 한다'는 말들이 그때마다 나왔지만, 사태는 반복되고 있다.

정세균 총리를 비롯한 정부 인사들과 김부겸 더불어민주당 의원, 이재명 경기도지사 등 주요 정치인들이 이번 사고에 대한 입장을 발표하며 사망자들을 추모했다. 5월 1일 노동자의 날을 맞아 발표된 문재인 대통령의 메시지에는 사망한 노동자들과 그들의 가족들을 위로하는 말이 담겼다. 산재를 줄여 안전한 일터를 만들겠다는 다짐도 포함됐다. 주요 언론들의 보도도 잇따랐다. 사망자들의 안타까운 사연들을 취재한 기사들이 다수 나왔다. 화재 현장 근처에는 합동분향소가 차려져 조문객들의 발길이 이어지고 있다.

그런데 이천 화재 사고를 전후로 언론에 보도된 것만 몇 건의 산재 사망 사고가 더 있었다. 4월 26일, 대구 하수도 공사 현장에서 76세의 노동자가 갑작스럽게 붕괴된 콘크리트벽에 깔려 사망했다. 4월 28일, 산재 추모의 날에도 예외는 없었다. 부산 오피스텔 신축 현장에서 62세의 노동자가 3.9m 높이에서 추락해 사망했다. 4월 30일, 노동자의 날을 하루 앞둔 날에도 김해에 위치한 폐유 저장탱크에서 화재가 발생해 39세의 노동자가 사망했다.

이 세 건의 산재 사망 사고로 세 사람이 사망했다. 하지만 이들을 이야기하는 정치인은 없었고, 이들의 사연을 알리는 기자도 거의 없었다. 단신 스트레이트 기사로 몇 건 보도되었을 뿐이다. 이 온도 차이는 어디서 비롯된 걸까.

제주도에서 특성화고를 졸업하고 현장실습에 나섰다가 사망한 18세의 이민호 학생, 구의역에서 스크린도어를 고치다가 사망한 19세의 김 군, 태안화력발전소에서 컨베이어벨트에 끼어 사망한 24세의 김용균 씨는 정치인과 언론의 주목을 받았지만, 76세, 62세, 39세의 노동자들에게 관심을 가지는 정치인과 언론은 없다. 현대중공업 노동자와 우체국 집배원의 연이은 죽음은 종종 이슈에 오르지만, 하수도 공사 현장·오피스텔 신축 현장·폐유 저장탱크에서의 죽음은 이슈가 되지 못한다.

이 온도 차이들은 정말로 어디서 비롯된 걸까. 여러 사람이 죽은 게 아니기 때문일까. 수도권이 아니기 때문일까. 과거 사건의 반복이 아니기 때문일까. 앞길이 창창한 청년이 아니기 때문일까. 규모 있는 사업장이 아니기 때문일까. 연이은 죽음이 아니기 때문일까. 무엇이 가장 중요한 이유인지를 판단하기는 쉽지 않지만, 산재로 인한 죽음조차 그 무게감이 동등하지 않다는 사실은 분명해 보인다. 정치인과 기자들은 '이야기가 되는 곳'을 선호하고, 대구·부산·김해는 '이야기'가 되지 못해서 그들의 주목을 받지 못한다.

산재를 추방해야 하는 것은 그렇게 죽은 사람들의 사연이 슬프고 안타까워서가 아니라, 어느 누구도 일을 하다가 죽어서는 안 되기 때문이다. 그러므로 산재의 완전한 근절은 정치인과 기자들이 대구·부산·김해의 '이야깃거리 없는' 죽음들에 대해서조차 관심을 가질 때에야 가능해진다. 이들의 죽음이 동등하게 조명될 때라야 매년 2000여 명이 질병과 사고로 사망하는 산업재해 전체를 관통하는 본질을 비출 수 있기 때문이다. 그것은 '안전보다 이윤'을 택하는 자본주의의 문제이며, 이 문제를 방치하거나 쉬쉬하는 정치의 문제다.

한 가지 더, 정치인과 기자들만 고민할 문제가 아니다. 왜 정치인과 기자들은 '이야기가 되는 곳'만 찾아가는가. 이는 물론 우리 대부분이 '이야기'가 있어야만 관심을 갖기 때문일 것이다. 매일 쏟아지는 뉴스의 홍수 속에 섞인 노동자들의 사망 소식을 너무

무심하게 넘겨 버려온 우리가, 오늘도 대여섯 명의 노동자가 집으로 돌아가지 못하는 비극적 일상을 만든 공범인 것은 아닌가.

시인 김시종이 5·18을 마주하고 쓴 〈명복을 빌지 말라〉라는 시에는 다음과 같은 구절이 있다. "날이 지나도 꽃만 놓여 있다면 애도는 이제 그저 꽃일 뿐이다." 그렇다면 꽃조차 놓이지 않은 죽음은 무엇이란 말인가.

| 2020.05.04.

그도
하청노동자였다

2019년 9월은 '산업재해의 달'로 기억될 만한 한 달이었다.

9월 2일 오전 11시경. 2018년 12월 태안화력발전소 하청노동자 김용균 씨의 사망사고를 조사한 '김용균 특조위'가 국무조정실에 '진상조사 결과 종합보고서'를 전달했다. 이 보고서에는 산업재해 사고를 막기 위한 22개 권고안도 함께 담겨 있다. 이 보고서를 전달받은 차영환 국무조정실 제2차장은 관계부처 회의에서 중요하게 논의하겠다는 의사를 밝혔다고 한다.

같은 날 오후 5시경. 서울시 지하철 1호선 금천구청역 선로에서 광케이블 보수공사를 진행하던 40대 안전노동자가 열차에

치여 사망했다. 그는 하청노동자였다.

다음 날 오전 11시경. 경기도 화성시에서 삼성물산의 반도체 생산라인을 건설하던 30대 노동자가 5층 높이의 건물에서 추락해 사망했다. 그도 하청노동자였다.

9월 6일 오후 7시경. 충청남도 아산시에서 오토바이를 타고 가던 50대 집배노동자가 교통사고로 사망했다. 그는 명절 물량을 처리하고자 연장근무 중이었다. 주말이었고, 야간이었다.

9월 10일 오후 2시경. 경상북도 영덕군에서 오징어 가공공장 탱크 내부를 청소하던 노동자 네 사람이 유독가스를 마시고 질식사했다. 그들은 태국과 베트남에서 온 이주노동자였다.

9월 20일 오전 11시경. 울산시 현대중공업 공장에서 가스탱크 절단작업을 하던 60대 노동자가 이탈한 장비에 머리가 끼어 사망했다. 그도 하청노동자였다.

9월 26일 오전 9시경. 경상남도 거제시 대우조선해양에 선박 블록을 납품하는 하청업체 공장에서 30대 노동자가 블록에 깔려 사망했다. 그도 하청노동자였다.

9월 27일 오후 1시경. 충청남도 서산시 한화토탈 공장에서 태풍피해 보수공사를 하던 50대 노동자가 작동 중인 크레인 위로 추락하여 사망했다. 그도 하청노동자였다.

9월 28일 오전 10시경. 부산시 북항오페라하우스 공사 현장에서 크레인을 운전하던 30대 노동자가 크레인이 넘어져 사망했다. 그도 하청노동자였다.

9월 29일 오후 2시경. 전라남도 목포시 공장 지붕에서 태양광 발전 설비를 설치하던 30대 노동자가 추락해 사망했다. 우즈베키스탄에서 온, 그도 이주노동자였다.

이 모든 게 9월 한 달간의 일이었다. 아니, 이것이 전부가 아닐지도 모른다. 이는 언론에 보도된 사고들만 모았을 뿐이다. 어떤 죽음들은 사업주에 의해 은폐되거나 세상에 채 전해지지 못하기도 한다. 이용득 더불어민주당 의원실에 따르면 작년 한 해 2142명이 산업재해로 사망했다. 한 달에 178명꼴이다. 그런데 이 숫자는 사망사례만 집계한 것이다. 다행히 부상에 그친 사고까지 적으려면 이 지면은 턱없이 부족하다.

9월 한 달의 산업재해 사망사고들은 교통사고부터 추락사까지, 서울부터 부산까지, 30대부터 60대까지, 평일부터 주말까지, 오전부터 야간까지, 내국인부터 이주노동자까지 가리지 않고 일어났다.

이 죽음들에는 몇 가지 공통점이 있다. 그들 중 다수가 하청노동자라는 것은 지독한 공통점이었다. 사고 경위를 뜯어보면 대부분 간단한 안전조치만 제대로 이뤄졌어도 일어나지 않았을 사고였다는 점은 끔찍한 공통점이었다. 그들 죽음의 다수가 세상에 충분히 알려지지 못한 것은 서글픈 공통점이다. '구의역 김 군' 처럼 지하철역에서 사고가 난 금천구청역의 죽음이나, 2019년에만 벌써 12명이 죽은 집배노동자의 죽음이나, '죽음의 공장'으로 악명 높은 현대중공업에서의 죽음이나, 네 사람이 죽은 영덕의 죽음 정도가 세상에 조금 알려졌을 뿐이다.

9월 24일에는 서울시 마포구에서 김용균 씨 사망 이후 62일간의 투쟁을 기록한 백서 《김용균이라는 빛》 북콘서트가 사단법인 김용균재단준비위원회 주최로 열렸다. '생명안전시민넷' 공동대표를 맡은 김훈 작가는 이 자리에서 이렇게 낭독했다.

"죽음의 숫자가 너무 많으니까 죽음은 무의미한
통계숫자처럼 일상화되어서 아무런 충격이나 반성의
자료가 되지 못하고 이 사회는 본래부터 저러해서,
저러한 것이 이 사회의 자연스러운 모습이라고 여기게
되었다. … 내년에 또 노동현장에서 2000명 이상 죽는다.
후년에도, 또 그 다음해에도… 날마다 해마다."

살기 위해 일하는 사람들이 일하다 죽었다. 그렇게 죽음의 9월이 갔다. 그리고 10월, 문재인 대통령은 4일 대한상공회의소·한국경영자총협회 등 '경제4단체' 회장들과 오찬을 가졌다. 언론보도에 따르면 이 자리에서 회장들은 대통령에게 노동·환경 부문의 규제 완화를 요청했고, 청와대와 정책실장은 "적극행정을 통해 해결할 수 있는 방법이 있는지 검토할 계획"이라고 응답했다고 한다.

　같은 날 오후 1시경. 세종시에서 지하차도 방음벽을 설치하던 60대 노동자가 추락해 사망했다. 지역언론 세 곳을 제외하면 〈연합뉴스〉와 〈YTN〉만 단신으로 보도했다. 같은 날 오후 2시경. 경기도 용인시에서 공사작업을 하던 50대 노동자가 추락해 사망했다. 그도 이주노동자였다. 같은 날 오후 6시경. 경상남도 고성군 화력발전소에서 배관작업을 하던 40대 노동자가 가스에 질식해 사망했다. 그도 하청노동자였다.

| 2019.10.08.

다시,
뻔한 말을 외치는 이유

대학생 시절에 대학언론에서 활동했다. 학내 민주주의 강화를 기
조로 하는 언론이었다. 그러다 보니 쓰는 글마다 결론이 똑같았
다. "학생사회의 관심이 필요하다." 학과 통폐합에 대해 쓸 때도,
학생 징계에 대해 쓸 때도, 총학생회 선거에 대해 쓸 때도 늘 결론
이 그랬다. 사실 그럴 수밖에 없었다. 학생사회의 관심이 없는 한
어떤 문제도 해결할 방법이 없었으니까. 뻔하고 추상적인 결론이
지만, 그것 말고는 달리 결론을 낼 수 없었다.

　이렇게 추상적인 결론을 제시하는 글들은 보통 잘 안 팔린
다. "그게 되겠냐" "그래서 대안이 뭐냐"는 냉소적 반응이 돌아오

면 차라리 다행이고, 대부분은 시선을 끌지 못한 채 수많은 글들 속에 묻힌다. 사람들은 신선하고 명쾌하며 직관적인 대안을 원하는 것처럼 보인다. 어떤 사람들은 그런 수요에 적극적으로 호응해 제법 구체적인 대안을 내놓기도 한다. 법제도를 이렇게 저렇게 바꿔야 한다거나, 특정한 방법으로 '일점돌파' 해야 한다는 식이다. 대학 문제를 예로 들면 학생회와 교수집단과 대학본부가 의결권을 평등하게 나눠 갖는 제도를 만들자는 대안을 낼 수도 있겠다.

하지만 어떻게? 대안을 마련하는 것은 어렵지 않지만, 대안을 관철시키는 건 현실 속 권력관계의 문제다. 학내 민주주의를 강화해야 한다는 주장은 당위적이고, 대체로 당위적인 주장은 그것을 요구하는 세력이 영향력을 갖지 않고서는 무력한 법이다. 의결권을 내놓으라는 요구에 대학본부가 응하도록 하려면 결국 "학생사회의 관심이 필요하다." 뻔한 결론인 걸 알지만 그런 대안밖에 내놓을 수 없었던 이유다.

한 달 전, 이 지면(《미디어스》)에 산업재해 사망사고에 대한 글(「그도 하청노동자였다」)을 썼다. 그 이후로도 노동자들의 죽음은 참 꾸준히도 이어졌다. 시민단체 노동건강연대의 집계에 따르면 2019년 10월 한 달 동안 보도되어 세상에 알려진 것만 50명이다. 그렇게 죽음을 알리는 뉴스는 오랫동안 지속되어왔으나 노동환경은 단 한 순간도 바로잡히지 못한 채 지독하게 일상화되어, 아침에 일어나면 시큰둥하게 스쳐 보는 일기예보와 같은 일이 되고 만

것일 테다. 그러다 어느새 '산업재해로 1년간 2000명 사망'이라는 끔찍한 통계로 누적되어 불현듯 우리를 또다시 충격에 빠뜨리고, 그제야 정치권은 '산업재해를 해결해야 한다'고 외치지만 또다시 그때뿐일 것이다.

죽음이 매일같이 이어지는 것을 많은 사람들이 느꼈나 보다. 지난 한 달 사이만 해도 산업재해 사망사고를 다루는 기사들이 셀 수 없이 발표됐다. '사람이 일하다 죽는 일이 없도록 해야 한다'라는 것이 그 글들의 공통된 결론이다. 어떤 사람들은 이것 역시 '뻔하고 추상적인' 결론이라고 말할 수도 있겠다. 좀 더 구체적인 대안을 내놓으라고도 한다.

그러나 그 어떤 구체적인 대안이 나온들 그것이 관철될 수 있을까. 서로 다른 지역의 서로 다른 일터에서 서로 다른 고용형태로 서로 다른 시간에 노동하다 떨어지거나 짓눌리거나 부딪혀 죽는, 노동조합의 보호 바깥에 있거나 노동조합이 충분한 영향력을 갖지 못하는 일터의 사람들을 죽지 않게 할 수 있는 근본적인 방법 같은 건 없다. 그 대안을 관철할 수 있는 권력과 권한을 쥐었으며 그래야 할 책임을 지고 있는 정부가 관심을 보이지 않는 한은.

산업재해 사망사고에 대한 기사들이 쏟아지고 있지만 지금 문재인 정부는 산업재해에 대해 놀랍도록 아무런 언급도 하지 않는다. 하루가 멀다고 들려오는 노동자들의 부고 기사가 청와대로

153

들어가는 신문들에는 잘 실리지 않거나 사소한 기사로 취급되기 때문일까. 이렇게 '사람이 일하다 죽는 일이 없도록 해야 한다'는 결론이 무력한 상황이라면 결국 결론은 다음과 같을 수밖에 없다. 청와대가 반응하도록 하려면 "우리 사회의 관심이 필요하다." 뻔한 결론인 걸 알지만, 그것만큼 근본적인 대안이 달리 있을까.

전태일 열사의 49주기를 맞은 오늘 저녁, 산업재해 사망자 고故 김용균 씨를 기억하고 그와 같은 죽음의 행렬을 끊어내기 위해 창립된 김용균재단은 전태일동상에서 광화문광장에 차려진 김용균 씨 분향소까지 행진할 계획이다. 행진의 구호는 물론 뻔하다. "죽지 않고 일할 수 있게! 차별받지 않게!" 전태일 열사의 분신 이후 49년 동안 아직 이것조차 이루지 못한 사회에서 노동자들이 신선한 말을 내놓기란 어려운 법이다.

| 2019.11.13.

겨울은 반드시
봄을 데리고 온다

고故 문중원 기수가 세상을 떠난 지 60일이 넘었다. 지금까지도 유가족들은 그의 장례를 치르지 못하고 있다. 설 명절 전에는 장례를 치러주고 싶다는 것이 유가족의 바람이었다. 그 바람이 무색하게 설 지나 어느덧 2월이다.

시민대책위원회의 치열한 투쟁의 결과로 문중원 씨의 이야기와 한국마사회의 구조적 문제를 다룬 기사들은 많이 나왔다. 우리가 알아야 할 사실은 이미 다 공개되어 있다. 하지만 한국마사회는 여태껏 요지부동이다. 그래서 앞선 기사들의 무덤 위에 또한 편의 글을 얹는다. 여기에 새로운 이야기는 없다. 다만 한 사람이라도 새롭게 이 이야기를 알게 되기를 바라며 쓴다.

한국마사회의 구조적 문제에 대해서는 쓰지 않겠다. 무엇이 문제인지를 짚어주는 쉽고 깊은 기사들이 이미 차고 넘치게 많다. 알고자 하는 의지가 필요할 뿐이다.

문중원 씨의 이야기

문중원, 40세. 2005년 개장한 '한국마사회 렛츠런파크 부산 경남'에서 15년간 일해온 베테랑 기수. 말하자면 이 경마공원의 창립 멤버인 셈이다. 빵을 좋아했지만 기수로서 체중 관리를 위해 절제할 만큼 열심히 임했다. 하지만 한국마사회에 중요한 것은 그런 경력이나 열정 따위가 아니었던 모양이다. 조교사(마방 책임자)들은 이따금 기수들에게 부당한 지시를 내렸다. 실력대로 임하지 못하게 하고 말을 살살 타도록 하는 식이다. 부당한 지시를 거부하면 출전 기회를 안 주는 식으로 보복이 돌아왔다.

문중원 씨는 그것이 억울해 조교사 면허에 도전했다. 사비로 호주, 영국, 일본 연수를 다녀왔다. 온 힘을 다해 공부했다. 마침내 2015년 면허를 받았다. 하지만 그는 마방 심사에서 번번이 떨어졌다. 채점표를 공개해달라는 요구에 한국마사회는 응하지 않았다. 뒤늦게 채점표가 발견됐는데, 그는 합격점을 받은 것으로 나타났다. 단, 외부 심사위원에게만. 내부 심사위원들은 점수를 잘 주지 않았다. 마방을 받아간 사람들이 고위 간부와 친하다는 소문이 파다했다. 조교사 면허를 딴 지 얼마 되지도 않은 사람들이었다.

결국 그는 2019년 11월 29일까지도 마방을 받지 못했다. 2019년 11월 29일, 문중원 씨가 세상을 떠난 날이다. 하루 전인 28일, 그는 자신의 두 아이에게 줄 크리스마스 선물을 주문했다. 8살 딸에게는 〈겨울왕국〉 화장대 장난감을, 5살 아들에게는 〈어벤져스〉 레고 세트를. 그러고는 유서를 썼을 것이다. A4용지 3장 분량의 유서를 그는 2부 출력해 한 부는 기숙사 자기 방에, 한 부는 친했던 동기의 방문 앞에 놓았다. 한국마사회가 혹시나 유서를 감출까 걱정했던 것이다. 그의 유서에는 한국마사회의 부조리함과 불공정함을 고발하는 말들이 낱낱이 적혀 있다.

그는 이렇게 적었다. "앞이 보이지 않는 미래가 불안해 살 수 없다. 도대체 뭐가 선진 경마일까. 지금까지 죽어나간 사람이 몇 명인데…. 더럽고 치사해서 정말 더는 못하겠다." 프린터로 출력한 유서의 마지막 장에는 자필로 이렇게 적었다. "이거 내가 쓴 거 맞아요. 혹시나 프린트 한 거라 조작됐다 할까봐." 죽음을 택하는 순간까지도 그는 투쟁적이고 전략적이었다.

어떻게 그럴 수 있었을까. "진짜 행복하게 살고 싶었는데. 부디 날 아는 사람들은 행복했으면 좋겠다." 그가 자필로 남긴 마지막 문장이다. 죽음을 택하며 다른 사람들의 행복을 빌어주던 사람, 문중원은 그런 사람이었다.

오은주 씨의 이야기

문중원 씨의 아내 오은주 씨는 11월 29일 새벽 5시에 문득 잠에서 깼다. 남편이 옆에 없었고, 휴대폰에는 동료들의 부재중 전화가 찍혀 있었다. 벼락같은 소식을 듣고 남편의 기숙사로 향하는 택시 안에서 그는 눈물 한 방울 나오지 않았다고 했다. 도무지 믿을 수 없었기 때문이다. 힘들어도 다 견뎌낼 수 있는 남편이라고 생각했는데, 단지 티를 내지 않았을 뿐이었다. 유서를 읽으며 오은주 씨는 많이 울었다. 남편의 고통을 그때야 알았다. 장례식장에 앉아 있는데, 한국마사회에서 사과하러 오는 사람이 아무도 없었다. 오은주 씨는 싸우기로 결심했다.

"장례를 치르면 모든 것이 잊혀질 것 같았다. 아무것도 바뀌지 않은 채 6명의 죽음이 잊혀졌듯, 내 남편의 죽음도 그저 억울한 죽음으로 끝날 것 같았다(《참세상》, 2020년 1월 25일자, 「남편 죽음을 밝히기 위해, 오늘보다 내일 더 강해질 것」)."

오은주 씨는 렛츠런파크 부산경남 본부장을 찾아갔다. 권한이 없으니 본사에 가보라는 답이 돌아왔다. 경기도 과천 한국마사회 본사로 찾아갔다. 경찰들이 가로막았다. 경찰은 뚫고 들어가려던 오은주 씨를 바닥에 주저앉히기도 했다. 김낙순 한국마사회장은 유족들을 경찰로 막아놓고는 언론에 "승자독식 구조를 개선한다"라고 보도자료를 냈다. 그다음 날인 12월 27일, 유족들은 서울로 올라와 광화문 서울정부청사 앞에 농성장을 열었다. 장례를 치러줄 수 없었던 문중원 씨의 시신도 운구차에 태워져 농성장으로 옮겨졌다. 지난 1월 27일로 농성은 한 달째를 넘겼다.

두 아이는 부산의 동생 집에 맡기고 올라왔다. 싸움이 길어질수록 아이들과 떨어져 지내는 시간도 길어진다. 아이들은 편지를 썼다. 아빠에게 전해달라고 했다. 여러 색깔의 색연필로 쓴 편지에는 이렇게 적혀 있다. "아빠, 나랑 키즈카페에서 놀아줘서 고마워. 아빠랑 키즈카페에 갈 수 없어서 슬퍼. 아빠랑 워터파크도 못 가서 슬퍼. 아빠가 보고 싶을 땐 사진을 볼게." 아이들은 대통령에게도 편지를 썼다. "대통령 할아버지께. 우리 아빠 추워요. 따뜻한 하늘나라로 보내주세요. 엄마랑 같이 있고 싶어요." 이런 아이들을 기다리게 할 수 없어서, 오은주 씨는 한국마사회의 사과를 받아내기 위해 오늘도 치열하게 싸우고 있다.

오은주 씨가 치열하게 싸우기로 결심한 이유는 또 있다. "남편이 그렇게 되고 제가 세상에 나와서 보니까 우리나라에 그렇게 많은 해고자와 비정규직, 억울하게 죽은 사람들이 많은 거예요. 내 자식마저도 어두움밖에 없는 세상에 살 수 있겠다는 생각이 들어서 내가 움직여야 바뀌겠다 싶더라고요(《한겨레》, 2020년 1월 17일자, 「더는 억울한 죽음 없어야」…'용균 엄마'와 '문중원 부인'의 만남」)." 문중원 씨가 살아 돌아올 수는 없겠지만, '김용균들'과 '문중원들'이 더는 죽지 않게 하기 위해서는, 그래서 그들의 소중한 사람들이 슬픔에 빠지지 않게 하기 위해서는 지금 여기서 싸워야 한다는 것이다.

> "겨울은 반드시 봄을 데리고 옵니다. 지금 우리는 몸과 마음이 추운 겨울에 머물러 있지만 곧 봄이 올 것입니다. 추운 마음들이 녹고 우리 맘속에 꽃이 필 것입니다. 저는 그렇게 믿기에 힘들어도 지쳐도 따뜻한 봄을 기다릴 것입니다. 우리는 반드시 승리합니다. 이 세상이 더럽고 치사해 앞이 보이지 않는 사람들이 인생의 마지막 선택을 하지 않도록 세상을 바꾸는 데 보탬이 되겠습니다."
> (2020년 1월 18일 '문중원 열사 진상규명 책임자처벌 노동개악규탄 민주노총 결의대회'에서 오은주 씨의 발언 중)

겨울은 반드시 봄을 데리고 온다. 추운 마음들이 녹고 우리 맘속에 꽃이 필 것이다. 우리는 반드시 승리한다.

| 2020.01.31.

'산재공화국' 노동자를 위한 뉴노멀

코로나19가 휩쓴 세계에 '뉴노멀'이 등장한다고들 한다. 뉴노멀은 본래 경제학에서 쓰는 말로, 특정한 경제위기가 나타나면 그 이전의 표준이 무너지고 새로운 표준이 등장한다는 뜻이다. 전문가나 언론은 코로나19 이후의 세계에서 재택근무나 화상회의의 일상화가 뉴노멀이 될 것이라고 예측한다. 그 시대를 미리 준비해서 앞서가라는 제언과 함께.

여기 전혀 다른 이야기가 있다. 이 이야기에 등장하는 사람들은 코로나19 이전과 별다른 바 없는 일상을 산다. 이들의 노동은 재택근무가 불가능하고 화상회의도 무의미해서, 이들은 마스

크 한 장에 의지한 채 일터로 나가 일을 해야 한다. 이들은 '사무실'이 아니라 '현장'으로 출근한다. 현장에 나가지 않는다는 것은 일하지 못한다는 것이고, 일하지 못한다는 것은 돈을 벌 수 없다는 것이다. 이들에게 뉴노멀은 남의 나라 이야기다.

'산재공화국' 한국에서 이런 종류의 일을 한다는 것은 죽을 수도 있다는 뜻이다. 노동건강연대가 각종 자료로 조사한 바에 따르면, 2020년 초부터 지난 4월 15일까지 노동자 177명이 산업재해로 목숨을 잃었다. 죽음의 경위는 저마다 다양하지만 죽음을 막지 못한 이유는 대체로 비슷하다. 이윤을 보채느라 안전에 돈을 쓰는 대신에 사람을 밀어 넣은 곳에 죽음이 솟아났다.

코로나19로 사망한 사람들의 소식은 속보로 알려지지만, 산업재해로 사망한 사람들의 소식은 건조하고 짤막한 단신 정도로 기록된다. 한 줄 기사라도 나면 차라리 다행인 수준이다.

2019년 산재 사망자 2020명, 하루에 5~6명꼴이다. 노동자가 산업재해로 목숨을 잃는 일은 한국에서 너무나 '노멀'한 나머지 '새로운 사실'로서 뉴스가 되지 못한다. 혹은 누군가의 말처럼, 사람들은 산재가 자신에게 '전염'되지 않는다고 믿기 때문인지도 모른다.

하지만 오늘만은 여러 신문 지면에 산재 사망자들의 이야기가 실릴 것이다. 오늘은 4월 28일, '세계 산재 사망 노동자 추모의 날'이다. 오늘만이라도 산재 실태가 세상에 널리 알려져 산재를 추방하는 날이 조금이라도 앞당겨지길 바라는 마음으로 많은 기자와 필자들이 날카로운 기사와 귀중한 글을 쏟아낼 것이다.

그들에 비하면 내게는 더 나은 글을 쓸 지식도 경험도 실력도 없으나, 하필 오늘 이 지면(《경향신문》)을 채우게 된 자의 책임으로 이 글을 쓴다. 그런데 무엇을 쓸까 한참 고민해봐도 없을 만한 새로운 이야기는 떠오르지 않는다. 산재가 반복되는 원인이 무엇인지, 더 이상의 죽음을 막기 위해 무엇을 해야만 하는지를 이야기하는 글은 이미 충분히 많다. 너무 오랫동안 너무 많은 죽음이 있었기 때문이다.

김훈 작가는 2019년 11월 25일자 〈경향신문〉에 특별기고한 「죽음의 자리로 또 밥벌이 간다」에 이렇게 적었다.

> "문제를 해결할 능력이 넘치되, 그 능력을 작동시킬
> 능력이 없으니 능력은 있으나 마나다. 능력을 작동시킬
> 능력이 마비되는 까닭은, 이 마비가 구조화되고
> 제도화되고, 경영논리적으로 그리고 법적으로 깔끔하게
> 설명되어 있기 때문이다."

그러므로 차라리 다시 한번 구호를 외치겠다. 지금도 거리에서 유가족과 활동가들이 목이 찢어져라 외치고 있을 구호들이다. 산재는 살인과 다를 게 없다. 진상을 규명하고 책임자를 처벌하

라! 현장은 노동자가 가장 잘 안다. 노동자의 작업중지권을 보장하라! 규제만 지켰어도 죽지 않을 수 있었다. 산업현장 안전규제 대폭 강화하라! 기업 처벌 강화가 안전 강화의 지름길이다. 중대재해기업처벌법을 제정하라! 위험의 외주화를 금지하라!

누군가들은 이 같은 요구들이 '비현실적'이라고 비아냥거릴지도 모른다. 그런데 2020년에도 '죽지 않고 안전하게 일할 수 있는 사회'를 바라야 한다는 것이 더욱 비현실적이지 않은가. 매년 2000명이 일터에서 집으로 돌아가지 못하는 지긋지긋한 '노멀'은 이제 그만하자. 남의 나라 이야기 같은 '뉴노멀' 말고, 이들 노동자에게 절실한 '뉴노멀'을 기다린다.

| 2020.04.27.

경찰이 줄어든 도시에서
생긴 일

어릴 때 액션영화를 보다가 종종 이런 의문이 들 때가 있었다. '도대체 경찰은 언제 와?' 주인공이 치열한(그리고 기나긴) 전투 끝에 악당의 음모를 저지하고 건물 밖을 나서면 그때서야 하나둘 경찰차들이 모여들면서 현장을 정리한다. 이 같은 '경찰의 지각 등장'은 일종의 클리셰(틀에 박힌 공식, 장면 등)가 된 지 오래라 이제는 다들 그러려니 할 지경이다. 그런데 경찰들은 대체 왜 이렇게 늦게 나타나는 걸까?

물론 영화에서는 주인공이 활약할 시간을 주기 위해서다. 주인공이 단독으로 영웅적인 행동을 하는 걸 즐기는 성격이라서 그럴 수도 있겠다. 그렇다면 현실에서는 왜 그럴까? 경찰이 신고 내용의 진의를 의심하거나, 시급성을 오판하거나, 가해자의 말만 믿는 탓일 테다. 심지어 최근에는 인천시 서구의 한 주점에서 일어난 폭행 사건에 제때 출동해놓고는 가해자가 '우리끼리 일'이라 하니 물러나 방관한 사례도 있다. 경찰의 자질에 대해 의문부호를 찍게 만드는 경우들이다.

GM 떠난 도시엔 범죄가 싹텄다

하지만 지금 소개할 다큐멘터리의 경찰들은 다소 억울할 법도 하다. 미국 미시간주 플린트시에서 근무하는 경찰들의 1년간을 관찰한 넷플릭스 8부작 다큐멘터리 〈플린트 타운(Flint Town)〉(2018) 이야기다. 이곳 경찰들은 자꾸 늦는다. 당장 전화기 너머에서 총소리가 들릴 만큼 심각한 상황임에도, 경찰들이 도착할 즈음이면 용의자는 이미 도망가고 없다. 경찰들이 무능해서가 아니다. 인력이 턱없이 부족해서다. 인력이 부족하니 연장노동으로 공백을 채워야 한다. 시는 연장노동에 따른 수당을 제대로 지급해주지도 않는다. 애초에 예산이 부족해 인력이 부족한 것이니, 수당을 제대로 주기 어려울 수밖에.

돈 많다고 소문이 자자한 미국에서 왜 이런 일이 일어나는 걸까. 여러 가지 이유가 있겠는데, 일단은 다큐멘터리의 배경이 된 플린트시의 상황을 알아야 한다. 자동차 산업의 성지였던 디트로이트시 인근에 있는 도시로, 제너럴모터스(GM)가 창업해 성장한 곳이라 한때 중산층 비율이 가장 높았다. 하지만 2000년대 이후 신자유주의 세계화로 주요 공장들이 인건비가 싼 해외로 이전하기 시작하면서 지금은 미국에서 가장 가난한 도시 가운데 하나가 됐다. 도시가 황폐화되고 가난해지면 범죄가 싹트는 법이다. 얼마나 많이 싹텄는지, 2000년대 이후 미국에서 가장 위험한 도시를 꼽으라면 몇 손가락 안에 들 지경이 됐다.

300명이었던 경찰이 98명으로

경찰 인력은 고정되어 있는데 범죄율이 높아지면 당연히 성과는 상대적으로 줄어들게 된다. 그렇다면 범죄가 발생하는 조건(빈곤, 도시환경 등)을 손보거나 경찰을 더 뽑아야 할 터다. 하지만 자본주의는 다른 경로를 간다. 성과가 안 좋으니 경찰에 대한 투자를 줄이는 것이다!

〈플린트 타운〉은 다음과 같은 사실을 전한다. "플린트의 경찰 예산은 지난 10년간 삭감되어 300명에서 줄어든 98명(의 경찰)이 시민 10만 명을 지킨다. 플린트는 미국에서 경찰의 수가 가장 적은 지역이다." 300명이 지켜야 할 곳을 98명이 지킨다는 것은 다시 말해 약 300명을 커버해오던 경찰 한 사람이 이제는 약

1000명을 커버해야 한다는 뜻이다. 단순 계산을 해보면 업무량이 3배 이상 늘어난 것이다. 임금인상률과 연장수당은 줄어들고 교대자가 부족하니 노동시간은 늘어날 것을 고려하면, 업무의 강도는 그 이상으로 늘어났을 것이라고 예측할 수 있겠다. 그래서 플린트시의 경찰들은 자꾸 늦을 수밖에 없는 것이다.

위태로워진 치안 문제를 해결하기 위해 조건을 개선하기보다 자본주의 논리로 경찰의 노동을 쥐어짜는 방식을 택한 결과다. 그 결과는 어떨까? 경찰의 의욕 저하와 역량 부족, 피로도 상승으로 치안을 제대로 다스릴 수 없게 되고, 그 틈에 다시 범죄가 싹튼다. 범죄율이 높아져 경찰 예산이 줄어들고 그 결과로 다시 범죄율이 높아지는, 치명적인 악순환. 불러도 오지 않고 상황이 종료된 뒤에야 나타나는 경찰을 플린트 시민들이 신뢰할 리가 없다. 불신이 커지고 지역사회는 원자화된다. 이 와중에 몇 가지 정세들 (납 수돗물 사태, 퍼거슨 시위)이 겹치면서 플린트시는 그야말로 '답이 없는' 상황으로 치닫는다.

플린트의 경찰과 한국의 집배원

〈플린트 타운〉은 건강하게 노동할 권리를 자본의 논리가 찍어누를 때 어떤 결과가 발생하는지를 처절하게 보여준다. 바꿔 말하면, 노동자가 건강하게 일할 권리를 보장하는 것은 단지 특

4장. 꽃조차 놓이지 않은 죽음

정 개인의 '워라밸' 문제에 그치지 않고 그 노동을 제공받는 사람들의 삶의 질까지 오르게 한다는 것이다. 특히 사회서비스나 안전과 관련한 노동에 있어서는 더욱 그렇다. 우리는 종종 건강하게 노동할 권리를 특정한 개인의 문제로만 이해한 채 '밥그릇 싸움' 정도로 치부하는데, 그것이 나의 삶과 밀접하게 연결되어 있다는 사실을 어두컴컴한 플린트시의 골목 귀퉁이에서 목격할 수 있을 것이다.

태평양 너머 한국에서도 플린트시와 비슷한 일이 벌어지고 있다. 이제 막 상반기를 지나고 있을 뿐인데 올해만 벌써 9명의 집배노동자가 사망했다. 6월 19일에도 49세 집배노동자 한 사람이 뇌출혈로 세상을 떠났다. 뇌출혈은 과로와 스트레스가 원인이 되는 질환이라고 한다. 전국우정노동조합은 그의 빈소에서 "집배원의 죽음의 행렬을 멈추려면 인력 증원과 완전한 주5일제가 반드시 이뤄져야 한다"고 성명을 냈다.

2018년 10월, 우정산업본부 노사와 전문가들이 공동으로 발표한 보고서(《집배원 노동조건 실태 및 개선 방안》)에 따르면 집배노동자들의 노동시간은 연평균 2745시간에 달한다고 한다. 1일 노동시간으로 환산하면 11시간 6분이다. 그나마도 지역 평균이고, 인구가 집중된 수도권을 개별적으로 들여다보면 최대 3113시간까지 일하는 지역(남양주시)도 있을 정도다.

물론 치안을 관리하는 경찰의 업무와 비교하면 시민들에 대한 직접적인 영향은 상대적으로 적을지 몰라도, 여전히 우리의 일상이 우편·등기·택배로 꾸려져 있음을 생각하면 집배노동자의 과로사는 단지 그들의 문제로 그칠 수 없다. 집배노동자들의 죽음의 행렬을 여기서 멈춰야 한다.

| 2019년 7월

'미국 공장' 노동자들은
어쩌다 '교체'됐을까

가정을 해보자. 당신이 10년간 잘 다니던 회사가 있다. 야근도 별로 없고 나름대로 노동문화가 잘 잡힌 모범 직장이다. 하지만 어느 날 지속적인 경영악화로 사장이 도망가고, 회사는 공중분해 위기에 처했다. 그때 한 귀인이 나타나 자신이 회사를 사겠노라고 약속한다.

그런데 이 사장님, 취임 일성에 난데없이 '주6일제' 복원을 외친다. 아침마다 1시간씩 일찍 '집합'해 단결을 위한 조례를 갖자고도 한다. 어떻게 이렇게 말도 안 되는 소리들을 태연하게 할 수 있단 말인가? 함께 일해온 동료들도 동요하는 게 느껴진다.

"미친 거 아냐? 시대가 어느 땐데."

제3세계의 일이 미국에서 일어난다면

사람에겐 국경이 있지만, 자본에겐 국경이 없는 시대에 이런 일은 그다지 낯설지 않다. 이런 일은 주로 상대적으로 경제력이 높고 임금수준이 높은 나라의 자본이 '사람 값'이 싼 나라로 생산공장을 옮기면서 일어난다. 어떤 나라의 임금수준이 낮다는 것은 대체로 노동자의 힘이 약하다는 뜻이고, 밀려드는 자본의 공세에 속수무책이기 쉽다. 그리고 자본은 '그래도 되는' 곳에선 필연 '그렇게' 한다. 자국에선 그리하지 못하는 기업들이 동남아시아나 아프리카 등 제3세계에서 끔찍한 노동착취를 자행해왔다는 이야기는 비밀 축에도 못 낀다.

그런데 세계 최강대국이자 자본주의의 총집산이라는 미국에서 이런 일이 일어나면 어떻게 될까. 버락 오바마 부부가 제작해 화제가 된 넷플릭스 다큐멘터리 〈아메리칸 팩토리(American Factory)〉(2019)는 바로 이 드문 사례를 근접거리에서 생생하게 보여주는 흥미로운 작품이다. 원래는 제너럴모터스가 자동차를 만들다가 2008년에 버리고 떠난 미국 오하이오주 데이턴시의 빈 공장을 중국계 차량용 유리제작 기업인 푸야오(FUYAO)가 6년 만인 2014년에 인수하면서 2년 반 동안 생긴 일들을 보여준다.

4장. 꽃조차 놓이지 않은 죽음

다큐멘터리는 희망적으로 시작한다. 가장 큰 일자리를 잃고 도시가 황폐화되던 와중에 글로벌 기업이 공장을 인수해 일자리를 제공하겠다고 하니, 지역에서도 큰 희망을 품을 수밖에. 물론 홍보를 위한 멘트일 테지만 푸야오도 자기들이 상당한 일자리를 창출하게 될 것이라며 지역사회에 희망을 주고 싶다고 말한다. 그들은 이 말을 실천해서 데이턴시의 주민들을 적극적으로 고용한다.

중국식 경영과 노동자들의 패배

갈등은 차오더왕 푸야오 회장이 본격적으로 '중국식 경영'을 도입하면서 시작된다. 중국 본사는 12시간 2교대제를 운용하고, 주말도 잘 보장되지 않는다. 심지어 중국 본사의 노동자 대표 기구를 책임지는 것은 차오더왕 회장의 사위다. 중국 본사의 중간 관리자들은 아침마다 노동자들을 집합시켜 회사를 찬양하는 구호를 외치게 하고, 유리를 자르고 나르는 노동자들에게 반드시 필요할 안전장비들도 비용을 이유로 지급하지 않는다. 그리고 중국 본사 노동자들은 그걸 당연하다고 여긴다('중국식'이라기엔 좀 낯익은 경영법이긴 하다).

자본주의가 진작 고도로 발달한 까닭에 노동조합이 일찍 성장한, 그래서 '상식적'이라고 부를 만큼은 노동문화가 안착한 미국의 조건 속에서 그 같은 시도들은 크게 논란이 됐다. 하지만 차오더왕 회장은 최선(?)을 다해 중국식 경영을 미국 공장에 이식하려 들고 노동자들은 강력 반발하기에 이른다. 제너럴모터스가 있을 적 노동조합의 힘을 경험한 고참 노동자들로서는 퍼뜩 이런 생각을 떠올릴 수밖에 없다. 노동조합을 만들어야 한다! 본격적인 갈등이 시작된다. 노동자들은 노조 조직에 나선다.

차오더왕 회장은 '내 눈에 흙이 들어가기 전에 노조는 안 된다'는 듯 노조파괴 컨설팅업체를 고용하거나, 임금을 올려준다며 회유책을 실시하거나, 노동조합이 생기면 공장을 버리고 떠나겠다며 협박을 해대는 식으로 노조 조직을 방해한다. 결과는 어떨까. 반대 800여 표, 찬성 400여 표로 부결. 이후 노조 조직을 주도한 노동자 몇몇은 '교체(경영진은 '해고'를 이렇게 표현했다)'된다. "노동조합의 필요를 못 느낀 젊은 노동자들이 많이 반대한 것 같아요." 교체되어 나가는 노동자의 마지막 말이다.

다큐멘터리는 노조 조직 실패 이후의 이야기도 보여준다. 얼마간 시간이 흐른 뒤 푸야오 경영진은 공장 자동화 시스템 구축에 돌입한다. 쉽게 말해 '기계팔'로 대체할 수 있는 공정은 모두 기계팔로 대체해서 노동자 두세 명이 일해야 할 곳에 한 명만 일하게 하거나 아무도 일하지 않아도 되게 만들자는 얘기다. 노동조합이 조직되었다면, 그래서 노동자들이 영향력을 발휘할 수 있었다면 이런 계획을 감히 언급이나 할 수 있었을까.

4장. 꽃조차 놓이지 않은 죽음

주5일제에서 주52시간 상한제까지

〈아메리칸 팩토리〉가 보여주는 것은 미국과 중국의 노동문화 성장 단계의 차이에 따른 갈등이지만, 한편으로 이러한 갈등은 한 국가 안에서도 종종 발생한다. 주5일을 출근하고 주말 이틀은 쉬는 '문화'에 대해 생각해보자. 젊은 독자는 이렇게 물을 수도 있겠다. 그게 무슨 문화씩이나 되냐고, 당연한 것 아니냐고. 하지만 주5일제는 시행된 지 불과 15년밖에 되지 않은 제도다. 게다가 시행 초기에 논란도 많았다. 경영계가 특히 우는 소리를 많이 냈다. "지금 주5일 근무제로 들어가기에는 대단히 빠르다(한국경영자총협회)"라고 했던가. 그들 중 누구도 이제는 주5일제에 대해 이런 말을 (적어도 공개적으로는) 하지 않는다.

어느 정도 상식 있는 회사라면 토요일에 출근하라는 말을 당연하게 하지는 않는다. 이제 주6일 출근은 비상식적이거나 예외적인 편에 속하게 됐다. 물론 여전히 주6일 출근을 강요하는 직장들이 제법 많다는 것도 분명한 사실이지만, 적어도 정치권이든 경영계든 '주6일제로 법제도를 복원하자'라는 식의 이야기를 감히 할 수 없는 시대라는 사실 역시 분명하다.

오늘날 갈등의 대상이 된 것이 있다면 바로 주52시간 상한제다. 하지만 주5일제가 그랬듯, 최저임금 인상이 그렇게 되어가듯, 시간이 흐르면서 주52시간 역시 점차 '당연한 것'이 되어 우리 사회에 착근될 것이다.

불가역적 제도를 만들려면

그런데 이번에는 정부의 입장이 이상하다. 주52시간이 시행된 지 1년 조금 지난 지금 "노동시간 단축에 대해서 내년도 50인 이상 기업으로 확대 시행되는 것에 대해서는 경제계의 우려가 크다(2019년 10월 8일 국무회의 대통령 들머리발언)"면서 탄력근로제 도입을 의제화하고 나선 것이다. 새로운 제도가 정착되도록 독려하며 인내심을 요청해야 할 정부가 이번 결정으로 시곗바늘을 한참 뒤로 돌리고 있다.

중국 공장의 전근대적 풍경을 마주한 미국 노동자의 표정을 기억한다. "주5일제를 주6일제로 바꾸겠다"라는 말을 누군가 한다면 우리의 표정도 과연 그러할 터다. 문화란 그렇게 발전하는 것이다. 우선 법으로 제도화되고, 당장은 잡음들이 일어날 수밖에 없지만, 시간이 흘러가며 자연히 사회가 제도에 맞춰 재구성되고 마침내 모두가 '당연한 문화'로 인식하게 된다. 주52시간에 대해 지금 필요한 것도 시간일 뿐이다.

노동조합 결성에 실패한 뒤 해고되어 나가는 미국 노동자들의 뒷모습도 기억한다. 미국에서 당연한 것이 푸야오 공장에서만은 당연하지 않게 된 것은 노동조합을 저지한 자본이 '이곳은 그래도 되는 곳'이라고 확신했기 때문이다. 미국 노동자들은 푸야오의 문화를 도저히 받아들일 수 없었지만, 결국 힘을 잃음으로써 이런 파국을 맞았다. 문재인 정부가 자신들이 추진한 정책을 스스

4장. 꽃조차 놓이지 않은 죽음

로 뒤집은 것도 그래서일 게다. 자본 앞에선 그럴 수 없지만 노동 앞에선 그래도 되니까.

어떤 제도도 그 자체로 불가역적일 수 없으며, 다만 그것을 불가역적으로 만드는 힘이 있을 뿐이다. 무한 야근의 시대에서 주 52시간의 시대로, 그리고 적당히 합의된 노동시간이 아닌 노동자 스스로가 그리는 노동시간의 시대로 가는 길을 보장하는 것은 '착한 정부'나 '착한 자본가'가 아니라 오직 강한 노동조합이다. 〈아메리칸 팩토리〉의 쓸쓸한 결말이 보여주는 사실들이다.

| 2019년 11월

항암 투병하며
기어이 싸우는 이유

시간은 기억을 남기고, 기억은 감정을 만든다. 더 많은 시간은 더 많은 기억을, 더 많은 기억은 더 많은 감정을 남긴다. 이 감정이라는 것이 복잡미묘하다. 소위 '합리적 이성'으로는 이해하기 어려운 행동도 어떤 감정적 상황에서는 '그럴 수밖에 없는' 무엇이 되곤 한다. 이해하기 어려운 얘기는 아니다. 사소하게는 헤어진 애인과의 기억이 남아 있다는 이유로 특정한 음식을 먹지 않는다든지, 뭐 그런 것들 있지 않은가.

그런데 이런 얘기가 남의 얘기가 되면 어쩐지 이해하기 어려운 것이 된다. 별다른 동질성이 없어서 감정이입을 할 구석조차

4장. 꽃조차 놓이지 않은 죽음

없는 남의 얘기라면 더 그렇다. 노동자가 그렇다. 국민 대다수가 노동자이지만, 스스로 '노동자'라는 정체성을 갖고 사는 사람은 그리 많지 않기 때문이다. 노동조합을 하는 노동자는 더욱 그렇다. 노동조합 조직률이 10% 남짓밖에 되지 않는 사회이기 때문이다.

노동자들이 대체 왜 대화보다 투쟁을 선택하는지, 왜 일해서 돈을 벌기보다 자꾸만 파업을 벌이며 손해를 보는지, 그냥 다른 직장 알아보면 될 텐데 왜 그렇게 고집스럽게 수십 년간 '복직투쟁'에 매달리는지. 그들이 그럴 수밖에 없도록 만드는 어떤 감정을, 모르는 사람들은 끝까지 모른다.

〈그림자들의 섬〉이 보여주는 30년의 감정들

이런 사회에서 노동조합 운동을 하는 노동자들의 어떤 감정을 이해하기에 가장 좋은 방법은 그들의 이야기를 직접 듣는 것이다. 책을 읽거나, 인터뷰 기사를 읽거나, 영화를 보는 것이다. 누군가의 이름과 얼굴과 목소리를 알고, 보고, 듣는 것만으로도 그 사람의 처지를 이해하는 공감의 범위가 넓어진다.

그것 역시 감정의 효과다. 무정형의 추상화된 어떤 낯선 타자가 아니라 이름과 얼굴이 있고 목소리를 알고 있는 특정한 누군가를 마주한 '기억'이 만들어낸 '감정'.

〈그림자들의 섬〉(2014)이 바로 그런 다큐멘터리 영화다. 영화는 한진중공업 노동자들의 30년사를 다뤘다. 이야기는 노동조합이 어용단체였던 시절부터 시작된다. 질 떨어지는 도시락을 거부하는 투쟁을 조직해 회사가 식당을 만들도록 한 '도시락 거부 투쟁'부터 전환의 단초가 마련되고, 1987년 7·8·9월 노동자 대투쟁을 거치며 조합원 직접 선거로 민주노조 전환을 완성한다.

이어 박창수·김주익·곽재규 세 명의 열사에 대한 회상, 노동조합의 조직력이 가장 강했던 시기에 비정규직을 외면했다는 뼈아픈 반성, 정리해고와 희망버스 운동, 복수노조의 탄생과 최강서 열사까지, 끊임없이 투쟁하고 사람이 죽고 실패하거나 성공하고 반목하는 이야기가 반복된다.

그렇게 30년이다. 〈그림자들의 섬〉은 이 30년에 걸친 이야기를 한진중공업 노동자들(김진숙·윤국성·박성호·박희찬 등)의 목소리로 풀어낸다. 그들이 가진 '기억'이란 이런 것들이다. 그들은 어용노조를 민주노조로 바꿔내 인간다운 공장을 만들어냈다. 그럼에도 여전히 공장에서의 일은 그 자체로 얼마나 위험한지, 하루가 멀다하고 산재로 죽는 사람들을 목격해 왔다.

그들은 1991년 박창수, 2003년 김주익·곽재규, 2012년 최강서까지 한 사람의 의문사(박창수)와 세 사람의 자살을 목격했다. 그들은 연대의 힘이 얼마나 강력한지, 무사안일주의가 어떤 결과로 돌아오는지, 노동조합의 힘이 약할 때 회사가 얼마나 쉽게 말

4장. 꽃조차 놓이지 않은 죽음

을 뒤집을 수 있는지를 수십 년간 경험해 왔다.

그들의 '감정'은 바로 이러한 30년간의 기억들 속에서 형성
된 것이다. 쌓이기만 하고 제대로 해소되어본 적은 없는 감정들이
다. 이러한 감정들이 만들어내는 복잡미묘한 장면들이 이 다큐멘
터리에는 자주 나온다. 한진중공업 노동자들의 기억을 공유해야
만 이해할 수 있는 장면들이다.

"또 한 명 깨졌네", 그 말에 담긴 감정

그들은 어째서 그렇게 노동조합을 지키는 일에 매달리는가.
1986년 노동조합 대의원에 출마해 당선됐다가 해고된 뒤 지금까
지 복직하지 못한 김진숙 씨가 이런 말을 한다. "술 먹으면 세상을
뒤집을 것처럼 떠들면서도 그다음 날 출근하면 그렇게 순한 양이
될 수가 없는 사람들. 그 아저씨들이 변하는 것을 봤잖아요."

어용노조 시절에는 순한 양처럼 다니며 소모품 취급을 당했
지만, 민주노조 건설과 함께 투사가 되어 숱한 권리를 쟁취해온
노동자들은 '민주노조'의 귀중함을 DNA에 새겼다. 김진숙 씨 역
시 그 노동자들이 변하는 과정을 함께했기에, 숱한 당근과 채찍에
도 노동조합 깃발을 버릴 수 없다는 것이다.

그들은 어째서 현장에서 떨어져 죽은 사람을 내려다보면서
"또 한 명 깨졌네…" 하고 비인간적으로 중얼거리는가. 그러지 않

으면 도무지 그다음 날의 업무를 할 수 없기 때문이라는 것이다. 생각해보라. 저 사람의 죽음을 자신의 일처럼 슬퍼하면, 자신도 당할 수 있는 일이라고 여기면, 저 사람이 떨어진 그곳으로 누가 다시 올라갈 수 있겠냐는 얘기다.

김주익 씨는 어째서 타워크레인에 홀로 올라갔고, 또 거기서 스스로 목숨을 끊었나. 그의 죽음을 알게 된 곽재규 씨는 왜 스스로 몸을 던졌나. 시간이 한참 흐른 뒤, 김진숙 씨는 왜 김주익 씨가 스스로 목숨을 끊은 그 타워크레인에 올라갔나. 왜 그는 "129일(김주익 씨가 타워크레인에 머문 시간)만 넘기자"라고 생각했나.

최강서 씨는 왜 박근혜 후보의 당선 직후 스스로 목숨을 끊었나. 복수노조(한진중공업 노동조합)가 설립되고 민주노조(금속노조 한진중공업지회) 조합원이 대거 이탈하는 상황을 지켜보면서도 왜 노동자들은 그들을 원망하면 안 된다고 말하는가.

〈그림자들의 섬〉은 한진중공업 노동자들의 30년사를 그들이 직접 구술하게 함으로써 그들에게 이름과 얼굴, 그리고 목소리를 부여한다. 그들은 더 이상 낯선 타자가 아니게 되고, 우리는 그들의 감정을 비로소 조금이나마 이해할 수 있게 된다. 그리하여 언뜻 비합리적인 것처럼 보였던 그들의 말과 행동에 모두 맥락이 있음을 알게 되는 것이다.

4장. 꽃조차 놓이지 않은 죽음

그 노동자가 복직투쟁에 나서는 이유

그리고 여기, 새로운 싸움을 준비하는 60세 여성이 있다. 대한민국 최초의 여성 용접공. 수많은 남성이 민주노조 하기를 두려워하던 1986년, 겁도 없이 스물다섯의 나이로 노동조합 대의원에 출마하고 심지어 당선된 노동자. 바로 그 때문에 해고된 뒤로도 35년을 끊임없이 싸워온 운동가.

47m 높이의 타워크레인에 올라가 309일을 농성해 정리해고를 철회시킨 사람. 고공농성 하는 친구를 위해 항암 투병 중인 몸으로 부산에서 대구까지 걸어간 동지, 김진숙. 해고되지 않았다면 올해로 정년인 나이지만 그는 2020년 6월 23일 '복직투쟁'을 선언했다.

누군가는 물을 것이다. "왜 굳이?" 그의 싸움을 이해할 수 없는 사람들은 자신들의 욕망을 투사한 말로 김진숙 씨를 조롱하지만, 이제 우리는 안다. 그가 한진중공업으로 돌아가고 싶은 것이 '돈' 때문은 아닐 것임을. 그의 복직은 35년 전 민주노조를 건설하려던 그의 투쟁이 해고사유가 될 수 없음을 회사로부터 확인받겠다는 것이며, 다시 말해 그의 삶이 틀리지 않았음을 확인하겠다는 것이다.

또한 비록 '지연된 정의'일지라도, 부당하게 해고당한 사람은 반드시 직장으로 돌아갈 수 있다는 사실을 수많은 해고노동자들에게 보여주고 싶다는 의지다. 그것이 항암 투병하는 몸을 이끌고 기어이 싸움에 나서는 이유임을 우리는 이제 안다.

동료 노동자들은 그 사실을 잘 알기 때문에 이렇게 말한다. "이번 복직투쟁은 시대를 개척해온 한 인간에 대한 예의이며 동지에 대한 의리를 지키는 투쟁입니다(김재하 민주노총 부산본부장)." 그리고 무엇보다 김진숙 씨 본인의 말이, 이것이 지난 35년의 맥락 위에 있는 투쟁임을 분명히 한다. 우리는 그의 말에 서린 감정을 이해해야만 하고, 충분히 이해할 수 있다.

"35년 동안 단 한 번도 포기하지 않았던 복직의 꿈. 그
꿈을 이룰 마지막 시간 앞에 섰습니다. 나는 다시 전선으로
갑니다. 내가 돌아갈 곳. 박창수 위원장이 그토록 보고
싶어 했던 조합원들의 곁으로 가기 위해. 김주익 지회장이
그토록 내려오고 싶어 했던 현장으로 가기 위해."
(2020년 6월 23일 '김진숙 조합원 복직 촉구 기자회견' 뒤 김진숙 씨가
올린 트윗 중)

| 2020년 7월

'노동존중사회'를
말하려면

김진숙을 공장으로 돌려보내지 못하는데 감히 '노동존중사회'라
는 말을 입에 올릴 수 있을까. 1986년 7월 해고된 뒤 35년째 공장
으로 돌아가지 못하고 있는 그다. 민주노조 하다가 쫓겨나고도 35
년째 수많은 노동자들을 위해 앞장서서 싸워온 그다. 그의 정년이
정말 며칠 남지 않았다. 그 며칠이 지나고 나면 그는 공장에서 일
할 수 없는 나이가 된다. 그가 다른 노동자를 위해 싸워온 이야기
를 여기에 적자면 지면이 턱없이 부족하니, 여기에는 오로지 그의
이야기만 적어보려고 한다. 물론 그의 이야기만 적어도 지면은 부
족하다. 35년이란 시간이 그렇다.

1981년 10월 1일. 부산에서 시내버스 안내양으로 일하던 김진숙은 조선소 일이 그렇게 좋다는 라디오 방송을 듣고 대한조선공사에 용접공으로 취직한다. 한국 최초의 여성 조선소 용접공. 그의 빛나는 타이틀이다. 하루가 멀다 하고 사람이 떨어져 죽고 끼어 죽는 위험한 공장에서 질기게 살아남고, 쥐똥 섞인 도시락을 받아 먹어가며 질기게 살아남았다.

1986년 2월 18일. 6년차 용접공 김진숙은 노동조합 대의원에 당선된다. '민주노조' 만드는 일이 불가능한 도전처럼 여겨지던 때였다. 그는 당선 직후 노동조합 집행부의 비리를 폭로하는 유인물을 뿌렸다. 뭐 대단한 요구를 한 것도 아니었다. 노동조합이 노동자 조합원들의 사람답게 일할 권리를 위해 싸워야 한다는 얘기였다. 그게 뭐라고, 그는 대공분실에 끌려가 고문을 당한다. 세 차례나.

1986년 7월 14일. 김진숙은 징계 해고된다. 해고되자마자 그는 바로 복직투쟁에 나섰다고 한다. 이른바 '출근투쟁'이다. 그는 번번이 공장 입구에서 가로막혔다. 어용노조 간부들에게 얻어맞았다. 그가 공장 밖으로 쫓겨난 1년 사이 공장 안 노동자들은 '도시락 거부 투쟁'을 벌이며 단결의 힘을 알아가고, 1987년 7월에는 1000여 명의 조합원이 참여한 파업투쟁까지 성사시킨다. 노조는 '해고자 복직'을 회사에 요구했지만, 회사는 끝내 받아들이지 않았다. 김진숙은 그래도 곧 돌아갈 수 있으리라 믿었을 것이다.

4장. 꽃조차 놓이지 않은 죽음

1990년 7월. 해고 4년째 되던 해에 김진숙의 입사 동기 박창수가 노조 위원장에 선출된다. 찬성률 90.85%. 마침내 민주노조가 탄생한 순간이다. 김진숙은 이제야 정말로 공장에 돌아가게 될 것이라고 믿었다. 그러나 박창수는 이듬해 5월 의문사한다. 이후 김진숙의 복직은 멀어졌다.

2002년. 한진중공업은 노동자 650명에 대한 정리해고를 단행한다. 노동조합은 싸웠고, 회사는 버텼다. 투쟁이 거듭되다가 해를 넘겨 2003년 6월. 당시 금속노조 한진중공업지회장이었던 김주익이 타워크레인에 오른다. 회사는 교섭을 회피하며 노동자들에 대한 손배가압류를 남용했다. 조합원들이 하나둘 이탈하는 걸 지켜보던 김주익은 10월 17일 크레인 위에서 투쟁의 지속을 요구하며 자결했다. 그의 죽음에 아파하던 곽재규도 도크 위로 몸을 던져 세상을 떠났다.

노동자 두 사람이 죽고 나서야 회사는 전향적인 태도를 보였다. 노동조합의 결속력도 강해졌다. 회사는 노조의 요구를 받아들여 정리해고를 철회했고, 1986년부터 해고된 9명을 전원 복직시키겠다고 발표했다. 물론 김진숙도 포함이었다. 그러나 한국경영자총협회가 막았단다. '김진숙만 빼고' 복직시키라고 했단다. 어처구니없는 일이었지만, 그게 현실이었다. 이번에도 김진숙은 복직에 실패한다.

2011년 1월 6일. 김진숙은 김주익이 생을 마친 그 타워크레인에 올랐다. 또다시 단행된 정리해고에 반대하면서다. 그는 정리해고 철회를 요구했다. 그런데 이번에는 처음부터 그 명단에서 자기 이름을 뺐다. 투쟁의 순수성이 훼손당할까 걱정됐기 때문이다. 그만큼 그는 절박하게 투쟁했다. 309일의 농성 끝에 투쟁은 승리했고, 동지들은 복직했으며, 김진숙은 여전히 공장 밖에 남았다.

이후로 그는 다른 노동자들을 위해 싸워왔다. 10년 가까운 시간이 흐르는 동안 쌍용차 해고노동자들이 공장으로 돌아갔고, KTX 해고노동자들도 공장으로 돌아갔고, 김진숙이 암 투병하는 몸으로 110km를 걸어가며 알린 영남대의료원 해고노동자들의 투쟁도 승리했다. '한국 최초의 여성 조선소 용접공' 김진숙은 '한진중공업의 마지막 해고노동자'가 되어 마지막 복직투쟁에 나서고 있다.

"제 복직은 시대의 복직이에요." 은유 작가와의 인터뷰에서 김진숙은 이렇게 말했다(《한겨레》, 2020년 8월 29일자, 「잊힌 노동자들 잊지 않으려 "나의 복직은 시대의 복직"」). 그 말대로다. 민주노조 했다고 해고되어 번번이 복직에 실패했으며 기어이는 '김진숙만 빼고' 복직시키라는 불합리한 요구에도 좌절해야 했던 김진숙의 복직은, 노동을 천시하고 노동조합을 악마화해 온 시대와의 완전한 작별이고, 상식이 통하는 시대의 복직이다.

이명박 정부 시기인 지난 2009년에 '민주화운동관련자 명예보상심의위원회'는 김진숙의 해고가 부당하다고 판정했다. 당시

4장. 꽃조차 놓이지 않은 죽음

민주노총 부산본부에서 김진숙과 함께 지도위원을 지낸 문재인 변호사가 이제는 대통령이다. 지난 10월 열렸던 국정감사에서는 환경노동위원회 소속 여야 의원들이 입을 모아 그의 복직을 지지했다. 기업과 노동과 정부가 벌이는 사회적 대화의 중심에 있다는 문성현 경제사회노동위원장도 그의 복직을 위해 뛰고 있다. 이런 상황에서도 김진숙이 공장으로 돌아가지 못한다면 우리는 노동존중사회에 대해 무슨 이야기를 더 할 수 있을까. 김진숙은 반드시 복직해야 한다.

| 2020.12.16.

5장

시대의 기후, 를 만드는 사람들

"우리 탓이야, 우리가 만든 세상이야"

영국 방송사 〈BBC〉의 드라마 〈이어즈 앤 이어즈(Years and Years)〉(2019)는 포퓰리스트 정치인에게 아무런 의심 없이 권력을 쥐어줬을 때 어떤 미래에 도달할지를 그린 디스토피아물이다. 드라마는 할머니를 구심점으로 한 사남매 중산층 가족의 이야기를 중심으로 흘러간다. 결국 포퓰리스트 정치인이 총리직에 오르고, 영국은 끔찍한 감시사회로 접어든다.

그 한복판에서 가족을 모두 모아놓고 할머니가 일장 연설을 펼친다. "잘못된 일은 모두 다 너희 탓이야." 그게 어떻게 우리 탓이냐고 화를 내는 손주들에게 할머니는 '슈퍼마켓 계산대 여자'

애기를 꺼낸다. 그 여자들이 '자동 계산대'로 바뀌기 시작할 때 항의하거나 시위를 조직한 사람이 있었냐고 물으며 이렇게 말한다. "우리가 이 지경으로 놔둔 거야. 실은 우리도 좋아해. 그 계산대를 좋아하고 원해. 거닐다가 장 볼 물건을 고르기만 하면 되거든. 계산대 여자와 눈 마주칠 일 없지. 이제 없어졌어. 우리가 없앴고 쫓아낸 거야. 그러니까 우리 탓이 맞아. 우리가 만든 세상이야(*번역은 왓챠플레이 공개판을 참고했다.)"

'슈퍼마켓 계산대 여자'가 더 싸고 편한 것을 찾는 소비자들의 적극적 방관 속에 어느새 '자동 계산대'로 대체되어 없어지고 쫓겨나는 이야기. 할머니의 말엔 드러나지 않지만 이 이야기는 여기서 끝이 아니다. 현명한 소비의 논리가 사회를 잠식하는 게 '발단'이라면, 현명한 소비자이지만 동시에 노동자이며 시민인 우리 자신까지 조여오는 게 '전개'이고, 모두가 현명한 소비자가 되어버린 까닭에 서로를 돕지 못하고 제각각 없어지고 쫓겨날 위험에 처하는 것이 이 서사의 '위기'에 해당한다.

코로나19는 우리가 각자도생 대신 시민적 연대의식으로 무장할 때라야 이 전대미문의 위기를 벗어날 수 있다는 사실을 뼈아프게 보여주고 있지만, 다른 영역에서 우리는 여전히 '연대하는 시민'이 아닌 '현명한 소비자'의 위치에 서 있다. 택배노동자 처우 개선, 도서정가제 개정을 비롯한 문제에서 그렇다.

최근에 전북 익산 지역 CJ대한통운 택배기사들이 고객들에게 보낸 '배송지연에 따른 사과문'이 화제가 됐다. 전국택배노동조합 호남지부가 순차적 파업에 돌입하면서 배송지연이 발생했기 때문이다. 이들이 파업에 돌입한 것은 잇따른 택배기사들의 과로사에 대한 대책 마련 요구가 받아들여지지 않고 있기 때문이다. 택배의 중요한 공정 중 분류작업이 있는데, 택배사는 인건비 절감을 위해 별도의 작업자를 두지 않고 택배기사에게 업무를 시키고 있다.

택배업계는 업계 경쟁과열로 택배비 인하 경쟁이 일어났고, 이에 따라 노동자를 추가로 고용하거나 처우를 실질적으로 개선할 만한 여력이 없다고 주장한다. 택배기사의 노동환경을 개선하려면 택배비를 현실적인 수준으로 인상해야 하는데 그걸 소비자가 감내하겠냐는 얘기다. 물론 이러한 논리를 제대로 평가하려면 업체들의 회계자료를 들여다봐야겠지만, 택배비가 수년간 인상되지 않다가 2019년에야 CJ대한통운의 주도로 소폭 인상된 것은 분명한 사실이다. 결국 이 문제를 해결하기 위해서는 대다수 시민들이 현명한 소비자로서 판단하는 게 아니라 동료 시민으로서 자신의 손해를 감수해야 한다는 것이다.

2020년 11월 일몰을 앞둔 도서정가제의 개정 논쟁도 마찬가지다. 전국에서 100여 개의 서점주들이 모인 '전국동네책방네트워크'의 성명서는 현명한 소비가 오히려 독이 될 수 있다는 점을 강조한다. "도서정가제를 없앤다면 출판사들은 책 가격을 높일 수밖에 없고, 힘없는 출판사들과 동네책방이 줄폐업하고 도산하게 될 것이다." 현명한 소비가 도리어 소비의 대상을 사라지게 만든다는 얘기다.

"도서정가제는 불완전하지만, 그나마 그런 안전장치 덕분에 서점·출판사를 차리는 청년 창업이 늘고 독립서점이 전례 없이 증가하며 풍성한 책문화를 만들 수 있었다." 실제로 도서정가제 시행 전후 독립서점의 수가 크게 늘었고, 이를 거점 삼아 지역 단위의 문화활동이 활성화돼왔다. 법에 의해 강제된 측면이 있긴 하지만, '손해 보는 소비'가 궁극적으로는 사회를 건강하게 변화시킨 셈이다.

택배비·배달비 인상과 도서정가제 같은 문제들은 우리를 시험대에 올리고 질문을 던진다. 결코 소비의 문제로만 환원될 수 없는 이슈들에 대해서 소비자와 시민이라는 공존하는 두 가지 태도를 어떻게 조화시킬 것인가에 관한 질문이다. 우리가 불편하고 손해를 봐야 지속할 수 있는 노동과 문화가 존재하고, 노동과 문화가 계속되어야 그것의 편익을 누릴 수 있을 때, 우리는 어떤 선택을 내려야 할까. 이것은 사회적 연대에 관한 이야기이다. 그리고 건강한 순환에 관한 이야기이기도 하다. 당장은 사람을 쥐어짜서 잘 돌아가는 것처럼 보일지 몰라도, '슈퍼마켓 계산대 여자'들이 그렇듯이 그것은 언젠가 실패할 수밖에 없는 경로다.

"우리가 없애고 쫓아냈다"라는 말의 의미는 죄를 추궁해 벌을 주자는 게 아니다. 현명한 소비는 불법이 아니고, 우리는 사람을 쥐어짜서 돌아가는 자본주의 구조의 주범이 아니다. 사과를 요구할 일도 아니다. 다만 지속 불가능한 체제가 이어지는 것을 막지 않은/못한 '사회구조의 동참자'로서 최소한의 책임감과 부채감을 가져야 한다는 윤리의식에 대한 얘기다. "우리 탓이 맞아. 우리가 만든 세상이야." 그리고 함께 이 구조 속에서 벗어나오자고 조심스럽게 권유하는 정치에 대한 얘기다.

물론 택배비 인상과 도서정가제로 인한 이득이 대기업이나 자본이 아닌 노동자와 서점에 온전히 돌아갈 수 있도록 기업을 감시하고 법과 제도를 보완하는 일은 정치의 역할이다. 그러나 정치가 이러한 문제에 관심을 갖도록 하는 것은 시민의 역할이 아닐까. 소비자이자 시민인 우리가 먼저 정의로움을 요구하지 않는한, 지지율만 바라보는 정치는 웬만해선 따라오지 않기 때문이다.

| 2020.9.17.

〈미안해요, 리키〉에서 찾은
너무나 낯선 존엄성

얼마 전에 개봉한 켄 로치 감독의 영화 〈미안해요, 리키〉(2019)는
특수고용직, 이른바 '특고'의 문제를 다뤘다. 사회적인 메시지를
던져온 그의 영화답게 이번 영화도 사실적이고 직설적이다. 2008
년 금융위기 이후 실직한 리키가 택배기사 '자영업'에 뛰어들면서
영화가 시작되고, 오늘날 특수고용이 가진 노동착취적 문제들과
그에 따른 택배기사들의 처참한 현실이 100분의 러닝타임 내내
끊임없이 묘사된다.

　소위 선진국이라 일컬어지는 영국을 배경으로 벌어지는 영
화 속 장면들은 종종 한국의 현실과 포개지면서 '영국도 다르지

않구나' 하는 서글픈 동질감을 이끌어낸다. 실제로 〈미안해요, 리키〉를 본 한국의 택배노동자들이 소변 볼 시간이 없어 페트병을 들고 다니는 장면이나 몸이 아파도 꾸역꾸역 출근해야 하는 장면 등을 보고 깊은 공감을 표했다는 기사가 나오기도 했다(〈경향신문〉, 2019년 11월 12일자, 「"소변 페트병 필요 없어" 그가 웃을 때, 관객은 고개를 숙였다…택배노동자가 본 영화 '미안해요, 리키'」). 이러한 공감대를 반영하듯 영화는 조금씩 입소문을 타며 관객을 모으고 있다.

하지만 〈미안해요, 리키〉의 모든 장면이 한국의 현실과 포개지는 것은 아니다. 특히 어떤 장면들은 한국인의 감각으로는 쉽게 이해되지 않을 정도인데, 다음과 같은 장면들이다.

리키는 거침없이 말하고 쉽게 화내는 성격이다. 흔히 '영국 노동계급'을 묘사할 때 한 전형이라 할 만하다. 물론 축구도 사랑해서, 출신지역 축구팀 맨체스터 유나이티드(맨유)를 지지한다. 그런 리키가 선덜랜드AFC(선덜랜드) 지지자인 남성 고객을 만난다. 이 고객은 리키가 입은 맨유 유니폼을 보고 대뜸 왜 지역팀인 선덜랜드(리키는 맨체스터에서 태어났지만 선덜랜드에 와서 일하고 있다)를 응원하지 않느냐고 묻는다. 그러더니 맨유를 조롱한다. 그러자 열이 받은 리키는 고객에게 욕설을 퍼붓고 떠난다. 첫 번째 장면이다.

불같은 성격이 쉽게 바뀌진 않는다. 영화 중반부에 만나는 또 다른 고객은 리키를 깔보듯 대한다. 수령자 신분 확인이 필요한 물품이라 신분증 또는 휴대폰이 필요하다는 리키의 요청에도 귀찮아하며 물건을 강제로 뺏으려 든다. 그러자 리키는 고객의 멱살을 붙잡고 협박하기에 이른다. 고객은 그제야 휴대폰을 가져와 신분을 확인해준다. 두 번째 장면이다.

우리의 감각에서 이 두 장면은 리키가 무단결근을 하거나 심지어는 아슬아슬한 졸음운전을 하는 장면보다도 치명적으로 느껴진다. 택배기사가 '감히' 고객에게 욕설을 뱉고 폭력을 휘두르다니, 다음에 올 장면은 분명히 해고되거나 최소한 중징계를 받는 장면일 것이라고 예상한다. 다음날 회사로 찾아온 고객에게 택배기사가 무릎 꿇고 사과하는 모습도 우리는 쉽게 상상할 수 있다.

하지만 〈미안해요, 리키〉에서는 놀랍게도 아무런 일도 일어나지 않는다. 그다음 날에도 리키는 여전히 물건을 날랐고, 고객들이 이와 관련해 무언가 민원을 넣었다는 언급도 전혀 없다. 어째서일까? 단순히 시간상의 문제로 언급되지 않았을 수도 있지만, 그보다는 소비자인 고객이 서비스 노동자인 리키를 '아랫사람'으로 여기지 않기 때문은 아닐까.

영국에서 30여 년 거주한 저널리스트 권석하 씨는 2015년 1월 19일에 〈주간조선〉에 기고한 「돈보다 존엄성! 갑을 없는 영국」에서 영국에는 위계적인 갑을관계가 없다는 점을 강조한다. 서비스를 제공하는 노동자가 '돈보다 존엄성'을 중요시하며 비굴해지기를 거부하기 때문에 소비자가 권력을 쥘 여지가 없다는 얘기다.

5장. '시대의 기후'를 만드는 사람들

영국 노동계급 고유의 '노동자 문화'가 소비자이면서 동시에 노동자인 일반 시민들에게 자리 잡고 있다는 점도 생각해볼 지점이다. 여하간 위의 두 장면은 영국에서 '갑질'이 그다지 개연성 없는 주제라는 것을 시사한다.

〈미안해요, 리키〉에는 이런 장면도 나온다. 리키의 아내 애비는 방문 요양보호사로 일하며 건별로 급여를 받는다. 고용형태가 구체적으로 언급되진 않지만, 리키의 처지와 크게 다르지 않다. 그런 애비가 모처럼 가족과 저녁 시간을 갖기 위해 서둘러 퇴근하려던 때, 업체가 갑작스럽게 초과노동을 요구하는 전화를 걸어온다. 애비는 성격이 잔잔한 편이지만, 이때만큼은 전화 너머로 분노를 쏟아내며 거부한다. 고용주의 지시를 거역한 셈이지만, 역시 애비가 해코지당하는 장면 같은 건 나오지 않는다. 초과노동은 고사하고 회식조차 온갖 변명을 고안해 거절해야 하는 한국인의 감각에는 역시 낯선 장면이다.

이 영화를 보면서 영국과 한국의 같은 풍경들을 발견하는 것도 물론 중요하겠지만, 이처럼 한국과 다른 풍경들을 발견하고 낯섦을 느껴보는 경험도 유의미할 것이다. 영국에서는 가능한 것이 왜 한국에서는 불가능한가? 우리는 위 장면들에서 리키와 애비가 해고되지 않기를 바랐는가? 그랬다면, 한국의 리키와 애비들도 같은 상황에서 해고되지 않기를 바라야 맞지 않는가? 그러기 위해 소비자로서, 또는 직장 상사로서, 무엇보다도 시민

으로서 우리는 무엇을 해야 하는가? 〈미안해요, 리키〉의 세 장면
이 2020년의 한국 사회를 살아가는 우리에게 조용히 남긴 질문
들이다.

| 2020.01.02.

왜 저들은
〈기생충〉을 두려워하지 않나

영화 〈기생충〉이 큰 성취를 이뤘다. 한국 영화의 성취이자 봉준호 감독의 성취다. 이미 너무나도 많은 보도가 나왔으니 여기서 〈기생충〉이 세운 기록의 의미를 다시 이야기할 필요는 없겠다. 다만 이 영화가 한국적인 소재와 디테일이 가득한 한국어 영화라는 점은 되새길 만하다. 봉준호 감독도 "한국 관객이 봐야 뼛속까지 이해할 수 있는 디테일이 곳곳에 있는 영화(2019년 4월 제작보고회)"라고 자평할 정도다.

이렇게 '한국적인' 영화가 세계무대에서 두루 인정받을 수 있었다는 것은 단지 영화적인 완성도가 높다는 점을 넘어 세계인

이 보편적으로 공감할 수 있는 이야기를 다루고 있기 때문이라고 해석할 수 있다. 그 이야기는 물론 '불평등'이다. 〈워싱턴포스트〉나 〈뉴욕타임스〉와 같은 대표적인 외신들이 〈기생충〉에 관해 보도하면서 이 영화가 그려낸 불평등의 풍경이 어느 사회에나 존재한다는 점을 강조한 기사를 내기도 했다.

결국 우리가 이 영화를 말할 때 불평등에 대한 이야기를 빼먹을 수는 없다는 것이다. 물론 이 영화가 불평등의 풍경을 그리는 방식에 관한 논쟁이 있는 것도 사실인데, '불평등을 해결해야 한다'는 실천적 메시지를 전하기보다는 그저 그것을 냉소적으로 그려내는 데 집중하고 있지 않느냐는 얘기다. 일리가 있긴 하지만, 우선 여기서는 영화를 둘러싼 평단의 반응이 실천적 메시지를 염두에 두고 있다는 점에 주목하고자 한다. 실제로 미국에서는 〈기생충〉이 대선에 영향을 줄 것이라는 분석까지도 나오고 있다.

하지만 〈기생충〉의 오스카 수상 직후 한국에 펼쳐진 풍경은 헛웃음만 나온다. 먼저 정당들이 찬사를 쏟아냈다. 불평등 문제를 해소할 책임이 있는 여당은 "한국인과 한국 문화의 저력을 다시 한번 세계에 과시했다"라는 말로 애국심을 고취할 뿐 불평등에 대해 언급하지 않았으며, 불평등한 현실의 역사적 가해자인 자유한국당도 부끄러움에 침묵하기는커녕 "기념비적 사건"이라며 즐거워했다.

군소정당 가운데는 정의당 정도가 "영화의 주제의식이 세계

　　　　　　　　5장. '시대의 기후'를 만드는 사람들

의 한복판에서 인정받은 만큼, 사회 양극화 현상에 대한 해법 역시 세계적인 차원에서 논의"되기를 바란다고 브리핑했을 뿐이다. 한국의 극심한 불평등이 세계에 널리 폭로되었음에도 부끄러워하는 정당이 하나 없다는 것은 우스운 일이다.

이는 언론들도 마찬가지다. 평소에는 불평등이 자본주의 사회에서 '당연한 일'인 양 선전해대던 보수언론들도 신이 나서 다음 날 1면을 〈기생충〉 관련 기사로 크게 꾸몄다. 어떤 언론들은 박근혜 정부 시절 봉준호 감독을 '블랙리스트'로 묶어놓고는 이제 와서 〈기생충〉의 성과에 찬사를 보낸 자유한국당의 뻔뻔함을 비판하기도 했는데, 그 언론 중 하나가 〈한국경제〉라는 사실은 민망하게 느껴진다. 역시 보수언론 그 어느 곳도 부끄러워하거나 혹은 불편해하지 않는다. 이쯤 되면 〈기생충〉이 사실은 한국 사회의 불평등한 현실을 그린 영화가 아닌 것은 아닌지 의심되기 시작한다. 물론 아무리 생각해도 〈기생충〉은 불평등한 현실에 대한 영화가 맞다.

이와 같은 난장에서 봉 감독의 전작 〈설국열차〉(2013)의 결말부가 연상된다. 이 영화 역시 빈곤하고 열악한 꼬리칸에서 시작해 정반대에 있는 엔진칸에 가까워질수록 부유하고 사치스러워지는 열차를 통해 불평등한 사회를 은유하고 있다. 〈설국열차〉는 꼬리칸의 민중들이 더는 빈곤을 참을 수 없어 반란을 일으키고 체제의 정점인 엔진칸으로 향하는 이야기다. 그러나 막대한 희생을 거쳐 마침내 엔진칸에 다다른 반란군의 리더 커티스는 충격적인 진실을 알게 된다. 반란을 유도한 것이 바로 엔진칸의 지배층이었으며 인구를 효과적으로 줄이기 위해 그것을 유도했다는 끔찍한 진실. 결국 상황을 지배하고 있는 것은 체제의 지배층이고, 피지배층의 그 어떠한 반란도 끝내 체제 속에서의 무의미한 시도라는 냉소적인 결말이다.

　불평등을 다룬 〈기생충〉이 천만 관객을 넘어 아카데미 시상식에서 작품상을 받을 만큼 영향력이 커져도 결국 체제의 지배층이라 할 만한 각 정당과 보수언론들이 전혀 불편해하지 않는다면 그것은 왜일까. 정말 영화가 메시지를 연출하고 형상화한 방식에 문제가 있었던 걸까. 아니면 영화라는 매체가 이미 사회적 실천의 도구로서 기능할 수 없을 만큼 산업화됐기 때문일까. 어떤 사람들은 영화라는 매체가 반드시 실천적인 역할을 해야 하느냐고 물을 수 있을 텐데, 물론 영화가 꼭 그래야 할 필요는 없다. 하지만 영화를 본 우리 시민들은 그래야 하지 않을까.

　이 영화의 의미를 가장 복합적이고 정확하게 읽어낸 기사가 있는데, 다름 아닌 〈미디어펜〉에서 나왔다. 스스로 '시장경제 정론지'를 자처하는 극우에 가까운 매체다. 이 매체에 칼럼을 연재하는 조우석 씨는 2020년 2월 5일에 업로드된 「아카데미상이 코앞인 영화 '기생충', 과연 멀쩡한 작품인가?」라는 제하의 글에서 이렇게 썼다.

"사람들은 그 영화를 블랙코미디 장르라고 규정하고,
영화는 영화일 뿐이라고 발뺌하겠지만, 그 모두가 거대한
정치적 기만이다. 아무리 봐도 영화 '기생충'은 부자와
기업하는 사람 모두는 죽어 마땅하다는 메시지 전달에
충실한 정치 상품일 뿐이다. 부자와 기업인, 그들이 굳이
죄가 없다고 해도 끝내 죽이고 말겠다고 하는 섬뜩한
적의敵意와 핏빛 적개심이 작품 전체를 관통하고 있다."

정확하지 않은가? 〈기생충〉을 재밌게 봤다면 이 정도 의미쯤은 끄집어내야 한다. 조우석 씨가 두려워하는 그대로, 한국 사회의 가난하고 차별받고 박탈당한 약자들을 대변하겠다는 정당들이 "부자와 기업인을 끝내 죽이고 말겠다고 하는 섬뜩한 적의와 핏빛 적개심"으로 정치에 임하는 계기로 〈기생충〉 열풍이 확장되기를 기대한다. 물론 '부자와 기업인'은 '자본주의 시스템'의 은유고, '죽이고 말겠다'라는 말은 '평등하고 지속가능한 시스템으로 바꾸겠다'는 말의 은유이며 '섬뜩한 적의와 핏빛 적개심'은 '아름다운 진심과 뜨거운 열정'의 은유다.

당연하지만 정당들이 이유 없이 그렇게 하지는 않을 것이다. 계산 빠른 정당들이 기꺼이 시선을 둘 만큼, 혹은 어쩔 수 없이 의제를 채택할 만큼 불평등 문제를 부각시키는 것은 우리, 시민들의 역할이다. 2011년에 영화 〈도가니〉가 개봉한 뒤 시민들이 공분하

여 '광주 인화학교 성폭행 사건'에 대한 재수사와 재발 방지 입법 여론을 주도한 결과, 장애인 여성·아동 대상 성폭력 범죄의 공소 시효를 없애는 '도가니법'을 여야가 합의하여 통과시킨 경험은 중요하게 참고할 만하다. 영화는 극장에서 멈출지라도, 극장을 나선 시민은 멈추지 않아도 된다.

| 2020.02.14.

5장. '시대의 기후'를 만드는 사람들

재난이 '천국의 문'이
되는 순간

오는 2020년 6월이면 삼풍백화점 붕괴 참사 25주기를 맞는다. 거
대한 재난은 수많은 관련자들을 만들어냈다. 생존자·유가족·자
원봉사자 등 관련자들의 구술을 채집해 '사회적 기억'으로 엮은
책《1995년 서울, 삼풍》(동아시아, 2016)을 읽다가 한 대목에서 눈을
뗄 수가 없었다. 당시 강남성모병원 응급실에서 일하던 간호사가
구술로 전해준 기억이다.

그는 참사 당일 경기도 분당에서 야간근무를 준비하고 있었
다. 그때 붕괴 소식을 전해 들었다. 강남성모병원은 삼풍백화점에
서 가장 가까운 병원이다. 간호사는 그길로 뛰어나가 버스에 올라

탔다. 버스기사에게 사고 소식을 전하면서 병원으로 가줄 수 있느냐고 물었다. 기사는 8명 남짓의 승객들에게 양해를 구했고, 승객들은 전부 양해해주며 버스에서 내렸다. 버스는 한 사람만 실은 채 40분 거리를 내리 달렸고 간호사는 병원에 닿을 수 있었다.

이 이야기의 주인공은 물론 간호사와 버스기사다. 간호사는 직업정신 그 자체를 보여줬고, 버스기사는 영웅적인 결단을 내렸다. 그들은 아낌없는 찬사를 받아 마땅하다. 그런데 내 시선이 더 오래 머문 곳은 낯선 사람의 갑작스러운 난입과 뒤이은 곤란한 요청에도 군말 없이 버스에서 내려준 승객들이었다.

다들 어디론가 향하기 위해 버스에 올랐을 사람들이다. 왜 하필 자기가 탄 버스에 올라탄 건지, 급하면 택시를 타야 맞는 것 아닌지 짜증이 났을지도 모른다. 그러나 승객들은 기꺼이 버스에서 내려주었다. 눈앞의 다급해 보이는 사람과, 그가 살려야 할 수많은 사람들을 위해서. 그들의 이런 마음을 어떻게 부르면 좋을까. 한국인의 정일까. 인간의 본성적인 측은지심일까. '사회적 연대' 또는 '시민적 덕성'이라고 부를 수도 있지 않을까.

이들의 조용한 실천에 시선이 머문 것은 아마도 우리가 지금 재난의 시대를 관통하고 있기 때문일 것이다. 시스템은 간호사를 재빨리 병원으로 데려다줄 수 없었다. 그것을 가능하게 한 것은 시민들의 자발적인 연대였다. 마찬가지로 방역 시스템이 아무리 완벽하게 작동한들 전염병을 완전히 종식시키지는 못한다. 전염

병의 완전한 종식은 시민들 각자가 자신의 손해를 감수하고 남을 위하는 마음으로 생활방역을 실천할 때라야 가능하다는 것을, 그러지 않으면 코로나19가 끊임없이 되돌아와 사회를 파괴한다는 것을 이제 우리는 안다.

요컨대 재난이 반복해서 보여주는 것은 다음의 사실이다. 시스템으로는 완전하지 않다. 시스템이 아무리 잘 구축돼 있어도, 결국 그것을 의도대로 작동시키는 것은 시민들이다. 시민 개개인이 자발적으로 선함을 실천할 때 비로소 재난을 넘어설 시스템이 완성된다. 그리고 이러한 실천에는 종종 손해가 동반된다. 손해를 감수한 실천이기에 아름다운 것이고, 그렇기에 실천은 효과를 발휘할 수 있다.

이렇게 보면 대의민주주의와 구조만능주의는 시민들에게 일종의 알리바이인지도 모르겠다. 한 사회가 정상적으로 굴러가도록 할 책임은 선출된 정치인들과 녹봉을 받는 관료들, 그리고 그들이 구축해야 할 시스템에 있으니, 시민들은 죄를 짓지 않거나 남을 해롭게 하지 않으며 그저 열심히 먹고사는 것으로 모든 책임을 다한 것이라는 알리바이 말이다. '구조가 문제인데 왜 내게 손해 보기를 요구하는가. 내게 어떠한 책임도 요구하지 말라. 구조를 바꾸면 모든 것이 해결될 것이다.'

하지만 재난이 확인시켜줬듯 시민들이 책임과 의무로 나서지 않으면 안 되는 순간들이 있다. 그런 순간들은 재난이 일상화된 현대 사회에 이르러 점점 더 잦아지고 있다. 미국의 저널리스트 리베카 솔닛은 자신의 저작 《이 폐허를 응시하라》(펜타그램, 2012)에 이렇게 적었다.

> "재난은 그 자체로는 끔찍하지만 때로는 천국으로 들어가는 뒷문이 될 수 있다. 적어도 우리가 되고 싶은 사람이 되고, 우리가 소망하는 일을 하고, 우리가 형제자매를 보살피는 사람이 되는 천국의 문 말이다."

우리는 지금 이 말의 의미를 실체적으로 경험하고 있다.

| 2020.05.26.

정의연 사태,
그리고 남은 질문들

지난봄은 윤미향 의원과 정의기억연대(정의연)에 대한 의혹제기 보도로 뜨거웠다. 정의연의 기부금 활용내역을 두고 별별 의혹이 다 쏟아졌다. 논란은 뜨거웠지만 그 결론은 좀 낯뜨겁다. 논란 이후 두 달이 지난 2020년 7월, 십여 건의 기사들이 언론중재위원회에서 기사삭제, 정정·반론보도 게재 등의 조정 조치를 받았다(⟨미디어스⟩, 2020년 7월 17일자, 「'정의연 맥줏집 3천만원' 등 의혹보도, '정정·반론보도' 조정」).

어쨌거나 논란의 결과로 시민사회단체의 투명성 자체가 도마 위에 올랐고, 대통령까지 나서서 기부금 통합관리 시스템을 구축하겠다는 입장을 내놨다. 일각에서는 정부 차원에서 독립된 감독기구를 만들어 기부금으로 운영되는 단체들을 감독해야 한다는 대안도 제기됐다. 필요한 얘기들이지만, 근본적인 대책이 되지는 못한다. 시민사회단체들은 왜 기부금을 투명하게 관리하지 못했나. 관리와 감독을 넘어, 시민인 우리가 고민해야 할 부분은 없을까.

정의연 사태의 중심에는 단체의 실무역량 부족이 자리하고 있다. 특히 회계 실무를 담당할 전문가가 없었다. 그런 상황에서 관행과 요식행위에 따른 잘못된 실무처리가 누적돼왔고, 그 결과 숱한 의혹들이 제기되었다고 정리할 수 있다. 당시 의혹제기 보도들은 회계오류가 단순 실수가 아닌 고의적 은폐라는 방향으로 전개된 측면이 있으나, 대부분의 의혹들은 단순 실수 또는 행정적 한계에 불과했다(《미디어오늘》, 2020년 6월 6일자, 「회계 부실을 회계 부정 프레임으로 정의연 가두다」). 물론 기부금으로 운영되는 단체에서 회계 부실은 실수라는 말로 용서될 수 없다는 일각의 지적도 타당하다.

이 문제를 이해하기 위해서는 시민사회단체들이 왜 회계 전문가를 채용하지 못하는지 살펴야 한다. 핵심은 대부분 시민사회단체들의 재정이 대단히 열악하다는 것이다. 수입원의 대부분을 후원금에 의존하는데, 한국의 개인 기부 참여율은 경제협력개발기구(OECD) 기준 중하위권에 속한다. 2012년 조사 기준 '최근 한 달간 기부를 해봤다'는 응답이 32.7%로, 경제협력개발기구 가입국 34개국 중 24위다. 경제협력개발기구의 개인 기부 참여율 평균은 43.5%이고, 1위를 차지한 영국은 72.5%에 달한다. 한국에서 후원금만으로는 충분한 재정을 확보하기 어려운 실정이다.

그렇다고 정부 보조금을 넉넉히 받는 것도 아니다. 정부는 매년 비영리민간단체를 대상으로 지원사업을 펼치는데, 여기서 선정되는 단체는 약 200여 곳 정도다. 전체 비영리민간단체 수가 약 1700여 곳(2019년 4분기 중앙정부 등록 기준. 지자체 등록 단체는 약 1만 3000곳)에 달한다는 점을 고려하면 약 10% 정도의 단체만 지원사업의 수혜를 받는 셈이다. 게다가 이는 비영리민간단체 지원법에 따라 등록된 단체만 한정하는 것으로, 법인이 없는 단체 등을 포함하면 그 비율은 한없이 낮아진다. 독립성을 위해 정부 지원을 원칙적으로 배제하는 시민사회단체도 많다.

시민사회단체의 열악한 재정 현실을 직관적으로 이해할 수 있는 가장 좋은 지표는 역시 '얼마를 받고 일하는가'일 것이다. 이 영역에 대해 체계적으로 조사된 데이터는 없지만, 참고할 만한 데이터가 몇 가지 있다. 2012년에 '시민사회공익활동가 공제회 추진위원회'가 시민사회단체 활동가 300명을 조사한 결과 이들의 평균 월급은 고작 133만원에 불과했다. 2019년에 '인권재단 사람'이 인권단체 상근활동가 108명을 조사했을 때는 평균 181만원이었다. 최근에는 국내의 가장 대표적인 시민사회단체라는 참여연대·서울 경제정의실천시민연합도 평균연봉이 3000만 원이

채 되지 않는다는 보도도 있었다(《문화일보》, 2020년 5월 19일자. 「정의
연 직원 연봉, 경실련보다 800만원 많아」).

시민사회단체의 인건비는 어째서 이렇게 낮을까. 여러 경우
가 있겠으나, 다음과 같은 상황을 상상해볼 수 있다. 재정적으로
열악한 상황에서 시민사회단체들은 우선 인건비를 축소하는 방법
을 택한다. 안정적인 운영을 위해서는 후원회원을 크게 늘려야 하
고, 후원회원을 늘리려면 사업 성과를 극대화해 단체의 필요성을
입증해야 한다. 따라서 인건비를 줄여 사업비의 비중을 높이게 되
는 것이다. 하지만 한국의 기부문화에서 후원회원이 뚜렷하게 늘
어나는 일은 잘 없고, 이 '보릿고개'에서 상근활동가의 '희생'을
요구하는 일이 반복된다.

이런 구조이니 단체 입장에서 운영의 투명성을 높여줄 회계
담당자를 별도로 채용하는 결정은 쉽지 않은 것이다. 그런데 여기
서 또 한 번의 악순환이 얹어진다. 운영 투명성 제고를 보류하는
사이에 기부금에 대한 편견을 강화하는 사건이 터지고, 이에 실망
한 사람들은 기존 후원을 중단하거나 점점 더 후원에 적대적인 태
도를 취하게 된다. 결과적으로 재정은 더욱 열악해지고, 앞서 설
명한 과정이 다시 반복된다. 이런 악순환 속에 보릿고개는 해소될
기미가 안 보인다.

건강한 사회를 만들기 위해 시민사회의 활성화가 반드시 필
요하다는 데 동의할 수 있다면, 남는 질문은 하나다. 이 악순환을

5장. '시대의 기후'를 만드는 사람들

어떻게 끊어내야 할까. 독립적 감독기구를 만들거나 기부금 관련 규제를 엄격하게 하는 것으로 가능할까. 투명성은 높일 수 있겠으나, 시민사회단체가 건강하게 성장하게 하지는 못할 것이다. 단체가 운영 투명성의 중요성을 자각하고 자체적으로 여러 방안을 마련하는 것도 물론 필요하다. 상황이 어렵다고 해서 할 수 있는 노력도 하지 않는다면 도덕적 해이라는 비난을 피할 수 없으며, 시민들이 시민사회단체에 대해 가진 일반적인 편견을 강화해 악순환을 재촉하게 만들 뿐이다.

결국 시민들이 시민사회단체에 대한 편견을 멈추고 후원금을 보태며 시민사회의 일원이 되는 긍정적 인식 변화가 동반될 때라야 시민사회단체의 악순환을 멈출 수 있다. 물론 쉬운 얘기는 아니다. 하지만 시민사회 활성화의 필요성을 인정한다면, 또 건강하고 민주적인 사회를 바란다면 언젠가는 필요한 변화다. 후원과 참여가 곧 감시이고, 투명성을 제고하는 길이다.

| 2020.07.31.

스승을
잃어가는 시대

2018년 '미투 운동'이 전개되던 어느 날, 친한 선배가 말했다. "산다는 건 스승을 잃어가는 과정인 것 같아." 스승이라 여겼던 이들이 가해자로 밝혀지고, 선배로 여겼던 이들이 그들을 두둔하는 상황에 대해 얘기하다가 나눈 대화다.

2019년 8월 9일, 차기 법무부 장관으로 조국 전 민정수석이 지명된 날로부터 1년이 지났다. '조국대전'으로 시작되어 박원순 전 서울시장의 성추행 피소 사건으로 끝나가는 1년이다. 그 사이에도 일일이 열거하기 어려울 정도로 여러 일들이 있었다. 1년의 시간을 더 살았기 때문일까. 그동안 나를 포함한 젊은 진보주의자들은 또 많은 스승과 선배들을 잃어버렸다.

스승과 선배들은 종종 거침없었다. 조국 전 장관과 박원순 전 시장 두 사람의 일은 적어도 법리적으로는 아직 '미확정된 사실'이었지만, 그들을 옹호하는 사람들이 너도나도 던진 말들은 '확고한 의견'이었다. 도덕적이지 않지만 불법이 아닌데 뭐가 문제냐고 하는 사람들, 딸을 위해 할 수 있는 일을 한 것이 그렇게 죄가 되냐는 사람들을 매일같이 마주했다. 그들 중 어떤 사람들은 내가 스승이라 여겼던 사람들이었고, 어떤 사람들은 진보주의의 선배라고 여겼던 사람들이었다. 나는 그들을 잃어버렸다.

어떤 스승들은 '박원순은 그런 사람이 아니다'라고 확신에 차듯 주장하기도 했다. 그런 언급은 2차 가해라는 비판이 그들을 향했지만, 그들이 이어간 것은 성찰과 반성이 아니라 2차 가해라는 표현에 대한 조롱들이었다. 적어도 이 시점에서, 그들은 확실하게 '그런 사람'이 된 셈이다. 그들의 글로 세상을 배웠고 그들의 삶을 일종의 나침반처럼 여기며 자랐지만, 이제 나는 그들을 잃어버렸다.

이런 일이 반복되니 젊은 세대끼리의 대화에서는 "더 이상 믿을 어른이 없다"라는 말이 수시로 나온다. 어떤 스승에 대해 얘기할 때면 지난 1년 사이에 그가 무언가 이상한 말을 하지는 않았는지를 서로 확인한다. 누군가를 교육행사에 강사로 모시려고 해도 우선 SNS를 염탐하며 지난 발언과 행적들을 조사한다. 스승과

제자, 선배와 후배가 이렇게 갈라지고 있다.

스승들은 왜 그들이 가르친 것과 정반대로 실천한 걸까. 결국 거기에 정의로움과 옳음보다 단단한 연緣이 자리하고 있기 때문은 아닌가 생각이 들 때면 허탈하다. 같은 학교에서 공부하고 운동한 인연, 시민운동을 함께한 인연 따위가 스승들의 지성을 가로막은 탓에 믿어왔던 가치와 실재하는 피해자보다 당사자를 향한 연민이 먼저 작동한 것은 아닌가. 그러나 박원순 전 시장과 28년 동지였던 정춘숙 더불어민주당 의원이 〈시사IN〉과의 인터뷰에서 자신의 '내적 분열'을 고백하며 "박원순을 빼고 봐야 보인다"는 걸 깨달았다고 말했듯(〈시사IN〉, 2020년 8월 10일자, 「여성운동 동지가 박원순을 보내는 방법」), 나의 스승들도 언젠가 "○○를 빼고 봐야 보인다"는 걸 깨달을 수 있는 사람들이라고 믿는다.

여전히 우리 세대에겐 배울 사람이 필요하기에 그렇게 믿는다. 하지만 이제는 스승을 찾기보다 동료 시민을 찾겠다. 동료 시민으로서 예의와 윤리를 다하지 않는 자에겐 배울 것이 없다. 떠나간 스승들이 동료 시민으로 내 옆자리에 돌아와 주기를 기다리고 있다. 돌아오는 길, 그리 멀지 않다. 반성하고 성찰하시라. 언젠가의 당신들이 내게 가르쳐준 것처럼.

| 2020.08.18.

5장. '시대의 기후'를 만드는 사람들

긴즈버그와
'시대의 기후'

루스 베이더 긴즈버그 미국 대법관이 지난 18일 세상을 떠났다. 이미 전기영화와 다큐멘터리, 그리고 부고기사들을 통해 소개되었듯 그는 자유주의자에게 최후의 보루 같은 존재였다. 대법원이라는 시험대에 오르는 진보적 가치들을 변호해온 그를 미국의 리버럴들은 무척 아끼고 사랑했다. 그런 그가 떠나며 손녀에게 남긴 유언이 있다. "나의 가장 강렬한 소망은 새 대통령이 취임할 때까지 (긴즈버그의 자리가) 교체되지 않는 것이다."

그는 왜 세상을 떠나면서까지 이런 걱정을 해야 했을까. 이를 이해하려면 미국 사회에서 대법관이 가진 강력한 영향력을 먼저 이해해야 한다. 미국 대법관들은 '9인의 현자'라고도 불린다. 단지 미국 전체에서 9명뿐인 대법관이라는 위치에 오를 만큼 현명한 사람들이라는 뜻일 수도 있지만, 지혜를 구하기 위해 현자를 찾아가는 것처럼 이들이 국민을 대표해 온갖 사회적 이슈들에 대한 최종 판단을 내린다는 점에서 더없이 적절한 별칭이다.

그렇다. 미국 대법관은 종종 정치적 이슈에 대한 최종 판단을 대리한다. 이른바 '정치의 사법화' 현상이다. 많은 중요한 이슈들이 대법원에서 최종 승인됐다. 흑인 권리를 신장시킨 민권법의 제정, 임신중지(낙태) 합법화, 오바마케어의 승인, 동성결혼 합법화에 이르기까지 미국 사회를 반으로 가를 만한 중대한 정치적 갈등들이 대법원의 판결로 정리됐다. 이처럼 유권자가 직접 선출한 입법부가 아닌 사법부가 정치적 갈등에 대한 최종 판단을 내리고, 그 결과가 입법에 강제되는 현상이 바로 정치의 사법화다. 분립된 삼권에서 유일하게 유권자에 의해 직접 선출되지 않는 권력이 가장 큰 결정력을 행사한다는 점에서 정치의 사법화는 문제적인 현상으로 진단된다.

앞의 사례들이 보여주듯 미국에서 대법원의 위치는 절대적이다. 어떤 쟁점과 법안에 대해 사회적으로 합의가 이루어지지 않고 입법부에서는 끊임없이 공회전하더라도, 대법관 9인의 구성이 어떻게 이루어져 있느냐에 따라 제도적 진전이 이뤄지기도 하는 것이다. 그런데 이 9인의 구성은 우연적인 측면이 있다. 대선을 두

5장. '시대의 기후'를 만드는 사람들

달 앞두고 사망한 긴즈버그의 경우는 이를 잘 보여준다. 공석이 생기는 시기의 대통령이 어떤 성향을 갖고 있는가에 따라 대법원의 전체적인 성향이 뒤바뀔 수도 있는데, 이것이 오직 대법관 개인의 건강 상태로 결정된다는 점에서 우연적이다. 긴즈버그가 '새 대통령이 교체해달라'는 유언을 남긴 이유다. 다시 말해 우연의 결과로 한 사회의 큰 물줄기가 바뀔 수 있는 것이 지금 미국의 정치 지형이다.

정치의 사법화 현상은 한국에서도 예외가 아니다. 미국에 대법원이 있다면 한국에는 헌법재판소가 있다. 미국 대법원과 마찬가지로 '9인의 현자'로 구성되는 기관이다. 최근 20년만 놓고 보더라도 헌재가 결정권을 행사한 정치적 이슈들은 미국의 그것들에 비해 결코 밀리지 않는다. 노무현과 박근혜, 두 대통령의 탄핵 소추안을 최종 판단했고, 행정수도 이전을 '관습헌법'의 논리로 무릎 꿇렸으며, 한 정당(통합진보당)을 해산시켰다. 국회에서 결정된 국회의원 선거구 획정안도 헌법불합치로 돌려보냈고, 문재인 정부 들어서는 이른바 '낙태죄'에 대해 헌법불합치 결정을 내려 논의를 급진전시킨 판결도 있었다.

어떤 판결은 행정부가 추진하고 입법부가 동의한 사안에 대한 것이었고(행정수도 이전), 어떤 판결은 입법부를 구성하는 방법에 대한 것이었으며(선거구 획정안), 어떤 판결은 행정부와 입법부가 미루는 동안 사법부가 개입한 것이었다(낙태죄 폐지). 민주주의적 원리로 보자면 삼권의 최종심급에 사법부가 자리한 형국이다. 전형적인 정치의 사법화다.

정치의 사법화 현상이 지속될 수 있는 것은 기본적으로 입법부와 행정부에 대한 불신이 팽배하기 때문이다. 정치를 통해 입법을 선도해야 할 두 권력이 의미 없는 정쟁을 일삼으며 판단을 미루는 사이, 지쳐버린 국민들이 어느 쪽이건 시원하게 답을 내려주는 사법부의 결정을 바라보게 된 것이다. 한편으론 법은 '제 잇속만 챙기는 정치'와 달리 공명정대할 것이라는 믿음도 여기에 깔려 있다.

그러나 과연 법은 공명정대한가? 우리는 법이 정치와 결탁할 수 있다는 사실을 '양승태 사법농단 사건'에서 익히 확인한 바 있다. 사법농단까지 가지 않더라도 법이 종종 기득권의 방향으로 기운다는 사실은 수많은 판례에서 확인돼왔다. 헌법재판소는 객관적으로 구성되는가? 3분의 1을 대통령이 지명하고, 3분의 1을 대통령이 임명한 대법원장이 지명하며, 나머지 3분의 1인 세 명 가운데 한 명을 여당이 추천하는 헌법 구조에서 헌법재판소는 때때로 균형이 무너질 수 있다. 예컨대 2019년 4월 문재인 대통령이 문형배·이미선 재판관을 지명함으로써 9인 중 6인이 진보적 성향의 재판관으로 구성됐다는 분석이 나오기도 했다. 물론 정치 성향이라는 것이 단순히 진보와 보수로 이분화되는 것은 아니지만.

사법 역시 정치로부터 자유롭지 못하다면, 시민인 우리의 최선은 정치 자체를 바로 세우는 것이다. 정치는 시민의 몫이고, 시민은 교체되지 않기 때문이다. 한 사람의 교체가 막대한 영향력을 행사하는 사법부와의 결정적 차이다. 우리 편으로 채울 수 있을 때 한없이 편리하지만 '적'의 편으로 채워졌을 때 한없이 불리한 제도에 모든 것을 맡긴다면 우리의 정치는 언제나 뒷걸음칠 위험에 시달릴 수밖에 없다. 지금 미국에서 긴즈버그의 빈자리에 강경한 보수주의자인 에이미 코니 배럿이 지명되어 임신중지·성소수자 인권·총기 규제·오바마케어 등이 모두 과거로 돌아갈지 모른다는 공포심이 미국 사회를 휘감고 있는 것처럼 말이다.

긴즈버그 사후의 상황을 비추어 보면 흥미롭게도, 긴즈버그가 2015년 동성혼 합법화 판결 이후 한 강연에서 남긴 말은 시민과 사법의 관계가 나아가야 할 방향을 정확히 표현하고 있다. "판사는 그날의 날씨가 아닌 시대의 기후를 고려해야 한다." 그 '시대의 기후'를 만드는 것이 바로 시민의 역할일 테다.

| 2020.09.29.

2016년 '촛불혁명'과
칠레 제헌 국민투표

지난 10월 29일이 '촛불혁명 기념일'이었다고 한다. 10월 29일은 박근혜 퇴진 촛불집회가 처음 시작된 날이다. 한국 현대사의 한 획을 그은 촛불집회도 어느덧 4년이 지난 셈이다. 2016년 10월에 중학교 3학년이었을 학생이 성인이 될 만큼의 시간이 흐르는 동안, '촛불정신'은 여전히 여기저기서 소환돼왔다.

문재인 대통령만 해도 그렇다. 문 대통령에게 촛불은 "풀뿌리 민주주의(2017년 10월 26일, 제2차 전국 시도지사 간담회)"의 구현이거나 "비정규직의 정규직화(2018년 1월 10일, 신년 기자회견)" 요구였거나 "결과를 존중하는 성숙한 민주주의 사회(2018년 1월 10일, 신년 기자회견)"에 대한 염원이었거나 "공정(2020년 9월 19일, 제1회 청년의 날 기념식)" 실현을 요구하는 것이기도 했다. 범위를 다른 정치인이나 언론으로 넓히면 촛불의 해석은 더 다양해진다. 좀 더 진보적인 판본도 물론 있고, 심지어 보수적인 판본도 존재한다(《미디어오늘》, 2018년 11월 17일자, 「보수언론의 '촛불 보수화' 프레임」).

무엇이건 쟁점이 뚜렷한 이슈를 주장할 때면 정당성을 확보할 수 있는 명분으로 촛불이 동원돼온 셈이다. 거대한 대중운동이 일어난 뒤에 정치인이나 학자들이 저마다의 해석을 시도하는 일은 흔히 있는 일이지만, 지난 촛불집회는 이상할 정도로 그 해석의 스펙트럼이 넓었다.

여러 이유가 있겠으나 한 가지 가설을 생각해볼 수 있을 것 같다. 정치인이나 학자들의 주장처럼 촛불이 무언가(들)을 적극적으로 주장하기보다, 오히려 주장하지 못하게 가로막는 방향으로 전개됐기 때문은 아닐까. 촛불집회의 응집력은 바로 그 지점에서 비롯됐다. 단일하고 논쟁적이지 않은 주장은 더 많은 사람들을 끌어모을 수 있다. 촛불집회에서 유일하게 허용된 구호는 '박근혜 퇴진'이었다. 그 외에는 어떤 주장도 허락되지 않았다.

광장에서 촛불의 의미를 넓히기 위해 다양한 정치적 주장을 담은 피켓을 들고 나온 시민들이 있었지만, 이들은 '집회의 순수성을 훼손한다'라는 다른 시민들의 손가락질에 부딪혀 빠르게 배제됐다. 촛불이 꺼진 주중에 '촛불 이후'를 준비하려던 시도들도 있었다. 예컨대 촛불의 성과가 대의민주주의 강화로 귀결되는 걸 우려한 한 단체에서 '시민의회'라는 대안적 기획을 내놓았는데, 이 기획은 '숟가락 얹지 말라'는 성난 목소리에 휩쓸려 금세 무효화됐다. 촛불집회에 개근하면서 바라본 그해 겨울은 늘 그런 식이었다.

이처럼 명확하게 어떤 가치 지향을 드러내지 못했으니 역설적으로 사후 해석의 공간은 활짝 열렸다. 집회의 성격을 확고하게 규정할 만한 구호가 없었으므로 특정한 해석을 부정할 만한 근거도 마땅히 없었다. '대표자 없는 시위'는 또한 역설적으로 모두가 주인행세를 해도 누가 나서서 그게 아니라고 주장할 수도 없는 상황을 만들었다. 촛불집회에 대한 해석의 스펙트럼이 이토록 넓은 이유다.

어쨌거나 촛불집회는 자연스럽게 대선으로 이어졌고, 결과적으로 '촛불혁명'이라는 말이 무색하게도 아주 합법적이며 순조로운 권력 이양으로 일단락됐다. 문재인 정부가 종종 헛발질을 할 때마다 이러려고 촛불 들었냐는 원성이 터져 나오기도 했지만, 박근혜 대통령을 퇴진시키는 것 외에 누적 인원 1600만(2016년 10월 29일~2017년 3월 11일)에 달하는 시민들이 촛불을 든 또 다른 이유를 명쾌하게 설명할 수 있는 사람은 없었다. 그 겨울 광장에서 '또 다른 이유'는 허락되지 않았기 때문이다.

이 같은 흐름의 정반대에 2019년 칠레의 반정부 시위가 있다. 흔히 지하철 요금 30페소(한화로 약 50원) 인상 정책에 반대하면서 터져 나왔다고 알려진 이 시위는 요구의 폭을 넓혀가는 데 거리낌이 없었다. '지하철 요금'으로 시작된 시위는 결국 '칠레식 신자유주의'에 대한 전면 반대로 확대됐다. 상징적인 장면이 있다. 매일 의제를 바꿔가며 열린 릴레이 시위다. "29일은 연금, 30일은 세제, 31일은 통행료, 다음달 1일은 교육 개혁, 2일은 대통령 퇴진을 요구"한 것이다(《한겨레》, 2019년 10월 30일자, 「'양극화 분노' 불타는 산티아고…"칠레는 깨어났다!"」).

그 결과 칠레 시민들은 '제헌의회'를 요구하는 데까지 나아갔고, 시위로부터 1년여가 흐른 지난 10월 25일에 결실을 맺었다. 새 헌법 제정을 의제로 한 국민투표를 실시한 것이다. 투표 결과 78%의 찬성률로 제헌이 결정됐고, 79%의 찬성률로 시민대표로만 꾸려진 제헌의회를 구성하게 됐다(국민투표에서는 제헌의회를 기존 의원과 시민대표로 구성할 것인지, 시민대표로만 구성할 것인지를 물었다). 제헌의회는 남녀동수로 구성하고, 원주민도 참여할 예정이라고 한다. 이로써 칠레 시민들은 1980년 제정된 군부 헌법을 40년 만에 폐기하고 자신들의 손으로 새로운 사회의 밑그림을 직접 그려나갈 수 있게 됐다.

새로 제정될 헌법의 내용은 아직 나온 것이 없지만 방향성을 충분히 예측할 수 있다. 그것은 물론 40년간 지배적인 방향이었던 신자유주의 반대 방향으로, 불평등을 완화하고 국민의 기본권을 강화하는 방향이다. 칠레 시민들이 지난 시위에서 그러한 가치 지향을 거침없이 드러냈기에 가능한 예측이다. 칠레 국민투표를 다룬 여러 기사들 역시 제헌의 방향성에 대해 일관된 분석을 내놓고 있다. '촛불의 의미'를 두고 4년째 설왕설래 중인 한국과는 전혀 다른 양상이다.

결국 대중운동이란 어떤 눈에 보이는 결과를 쟁취하기 위한 것이기도 하지만, 동시에 한 사회에 또렷한 메시지를 던지기 위한 것이기도 하다. 촛불은 앞의 목적은 완벽하게 달성했다. 하지만 뒤의 목적은 충분히 달성하지 못했다. 정치인들은 촛불의 의미를 제멋대로 해석해왔고 지난 4년간 우리 사회의 방향은 갈팡질팡했다. 촛불집회와 같은 거대한 대중운동이 다시 등장할지 어떨지는 모르겠지만, 다시 그 순간이 온다면 우리는 칠레의 경험을 떠올릴 필요가 있을 것이다. 메시지를 남기는 데 성공한 운동은 오래 남아 한 사회를 근본적으로 변화시키는 씨앗이 된다는 소중한 경험 말이다.

| 2020.11.04.

버니 샌더스와
만국 공통의 언어

미국 민주당 경선은 사실상 결론이 난 듯하다. 버니 샌더스는 충분한 선거인단을 확보하지 못했고, 반면 조 바이든은 상당한 선거인단을 확보하는 한편 당내 주요 정치인들의 지지도 활발하게 모아내고 있다. 언론과 전문가들은 결국 조 바이든이 민주당 후보로 낙점될 가능성이 높다고 전망하기 시작했다. 버니 샌더스의 선거운동을 열렬히 지켜봐온 사람으로서는 아쉬운 일이다.

선거의 최종 결과는 조금 더 지켜봐야겠지만, 여기 태평양 너머 제21대 총선을 코앞에 둔 우리는 결과보다도 과정을 들여다봐야 한다. 한국에서 그는 경제적 측면에서 '사회주의자'로만 알려져 있지만 그는 정치적 측면에서 '급진적 민주주의자'이기도 하다. 급진적 민주주의자로서 그의 행보와 연설들은 당선을 목표로 한다기보다, 선거운동을 기회 삼아 민주주의를 설파하러 다니는 것처럼 보일 정도다. 그래서 우리가 배울 점이 많다. 민주주의는 만국 공통의 언어이므로.

슬로건: '나'가 아니라 '우리'

선거 슬로건부터 흥미롭다. "'나'가 아니라 '우리'(〈Not me, Us〉)", 미국의 개인주의 문화를 생각하면 상당히 이색적으로 들린다. '나'라는 개인보다는 '우리'라는 공동체를 강조하는 것인데, 이러한 관점은 종종 이기주의를 버리라는 철 지난 훈계로 읽히기도 한다. 하지만 샌더스의 슬로건은 그보다는 '다 함께 공멸하느냐, 아니면 다 함께 살아가느냐'의 논리에 가까워 보인다. 다음과 같은 이야기다.

> "주변을 둘러보세요, 그리고 당신이 알지 못하며 당신과
> 아무 공통점도 없는 사람들을 찾아보세요. 여러분은
> 여러분 자신을 위해 싸우는 것만큼이나 그들을 위해
> 싸워줄 수 있겠습니까? 만약 여러분과 수백만 명의
> 사람들이 그렇게 할 준비가 되어 있다면, 우리는 선거에서

이기는 것은 물론이고 이 나라를 함께 바꿔나갈 수 있을
겁니다."

(유튜브〈Bernie Sanders〉채널의 「Fight for Someone You Don't Know」
영상)

한국에서도 비슷하지만, '내가 모르는 사람을 위해 싸우자'
라는 주장은 설득력이 크지 않다. 내 코가 석자인데 무슨 남을 챙
기냐는 소리가 단박에 나온다. 설득력 있는 주장은 '당신에게도
이익이 된다'는 것이다. 대학생인 당신도 노동자가 될 것이기 때
문에 노동 문제에 관심을 갖자는 것이고, 남성이라면 딸이나 여자
친구를 위해 여성 문제에 관심을 갖자는 것이고, 비장애인인 당신
도 어느 순간에 장애를 입을 수 있으니 장애 문제에 관심을 갖자
는 것이다. 이러한 주장들이 반드시 잘못된 것은 아니겠지만, 한
인간에게 기대되는 측은지심이나 한 사회에 기대되는 연대의식을
우회하고 있다는 사실은 분명해 보인다.

샌더스는 그러한 우회를 택하지 않는다. 대신 그의 말에 귀
기울이는 시민들의 측은지심과 연대의식을 끊임없이 건드리는 정
공법을 택한다. "이 선거운동은 단지 나(버니 샌더스의 당선)에 관한
것이 아닙니다. 이것은 연대의 운동을 만드는 것과, 우리 중 누군
가 아프면 우리 모두가 아프다고 말하는 것에 관한 것입니다(유튜
브〈Bernie Sanders〉 채널의 「Our Stories」 영상)." '나의 문제'는 힘이 세

지만 항상 평등하게 작동하는 논리는 아니다. 어느 순간 나이브한 것이 되어버린 타자에 대한 연민과 연대의식이 민주주의와 건강한 사회의 필요조건이라는 사실을, 샌더스는 그의 지지자들을 향해 끊임없이 주장하고 설득한다.

캠페인: 지지를 모으고, 운동을 만든다

흔히 정치와 운동은 대립어처럼 표현된다. 대체로 운동을 하던 사람이 정치판으로 떠날 때 '이제 운동이 아니라 정치를 하겠다'라고 선언하는 식이다. 샌더스의 선거 캠페인은 정치와 운동의 경계를 허문다. 자신의 당선을 목적으로 하는 정치를 하면서, 동시에 사람들이 스스로 일어나도록 독려하는 운동을 한다. 대개 선거에 나선 정치인은 '변화를 만들 사람은 바로 나'라고 말한다. 그런데 샌더스를 지지하는 한 사람은 이렇게 말한다. "힘을 주는 리더란 사람들의 손을 잡고 '당신에게는 변화를 만들 힘이 있다'고 말해주는 사람입니다(유튜브 〈Bernie Sanders〉 채널의 「Not me, us」 영상)." 샌더스는 거꾸로 지지자들에게 "변화를 만들 사람은 바로 당신들"이라고 말한다는 얘기다.

샌더스의 강력한 우군인 알렉산드리아 오카시오-코르테스도 이렇게 말한다. "단지 대통령 선거에 출마하는 게 아닙니다. 노동계급을 위한 거대한 운동을 만드는 거죠(유튜브 〈Bernie Sanders〉 채널의 「Rep. Alexandria Ocasio-Cortez Endorses Bernie Sanders for President」 영상)." 샌더스 본인의 말은 좀 더 직접적이다. "어떤 대통령도 혼자서는 해낼 수 없다는 것을 압니다. 우리는 정의를 위해 싸울, 또한 기업 엘리트들과 맞설 용기를 가진 수백만의 사람들이 필요해요. 그들은 아주 강력하죠(유튜브 〈Bernie Sanders〉 채널의 「Not me, us」 영상)."

수백만의 사람들을 모아내기 위한 샌더스의 캠페인은 디테일한 부분에서 빛난다. 미국의 교외 주거단지는 집 앞으로 차고와 작은 잔디밭이 딸려 있는데, 미국인들은 이 잔디밭에 '야드 사인'이라고 부르는 표지판을 심어 정치적 의사를 표현하고 동네 사람들에게 지지를 호소하곤 한다. 말하자면 가장 기본적인 풀뿌리 선거운동인 셈이다. 그래서 출마자들은 홈페이지에 스토어를 열어 야드 사인을 팔아 선거자금을 모은다. 흥미로운 건 가격이다. 조 바이든의 야드 사인은 25달러인데 반해 버니 샌더스의 야드사인은 3달러다.

샌더스는 이러한 가격 차이에 대해 SNS에서 '우리의 선거운동은 부자가 아닌 최저임금 받는 노동자들의 것이기 때문'이라고 설명한 바 있다. 이처럼 그가 만들어가는 선거운동은 미국의 저널리스트 나오미 울프가 했다고 알려진 말을 떠올리게 한다. "우리가 싸우고 저항하는 과정은 그 싸움과 저항을 통해 획득하고자 하는 사회의 모습을 닮아야 한다." 샌더스는 그의 선거운동이 무엇에 바탕을 두고 있으며 어디로 향할 것인지를 한순간도 잊지 않는다.

버니 샌더스는 결국 경선에서 탈락할 가능성이 높다. 하지만 그의 말처럼 그의 선거운동이 '단지 버니 샌더스에 관한 것이 아니'었기 때문에 안타까움보다도 기대감이 든다. 2016년 그의 돌풍은 미국의 젊은이들을 사회주의에 열광하게 만들었고, 오카시오-코르테스를 포함한 젊고 진보적인 정치인들을 의회로 진출시키는 단초가 됐다. 샌더스가 선거운동을 '그에 관한 것'으로 기획했다면 가능하지 않았을 일이다. 2020년 그의 선거운동도 미국 사회를 뒤흔들 또 다른 씨앗이 될 것이라고 기대하게 하는 대목이다. 코로나19라는 전대미문의 사태를 맞아 그는 더욱 목소리를 높여 "'나'가 아니라 '우리'"를 외치고 있다.

| 2020.03.26.

5장. '시대의 기후'를 만드는 사람들

냉소하지 않는 사람들은
성취를 이룬다

조 바이든은 지난 며칠간 조마조마한 마음이었겠지만 진작 경선에서 탈락한 버니 샌더스는 오히려 편안한 마음이었을 것 같다. 대통령 선거 개표가 지지부진한 동안 함께 실시된 연방 상·하원, 주 의회 등 각급 선거는 속속 결과가 나왔고, 많은 급진적 진보주의자들이 당선됐기 때문이다. 홀로 의회에서 분투했던 민주적 사회주의자 샌더스는 선거를 치를 때마다 하나둘씩 든든한 동료들을 얻고 있다.

그 중심에 미국 민주적 사회주의자(DSA: Democratic Socialists of America) 그룹이 있다. 이미 2년 전 알렉산드리아 오카시오-코르테스(AOC)와 라시다 탈리브를 연방 하원에 진출시킨 이 그룹은 이번 선거에서 두 사람(코리 부시·자말 보먼)을 더 진출시켰다. 고작 두 사람 갖고 호들갑이냐고? 미국에서 사회주의자를 표명한 신인 정치인들이 각각 당내 10선, 16선의 거물들을 물리치고 후보가 되어 승리했다는 점은 언제까지고 놀라운 일이다.

주 단위의 성과는 더 뚜렷하다. DSA 회원 25명이 주 상·하원을 비롯한 다양한 공직에 출마해 15명이 당선됐다. 주별로 의제에 관한 찬반을 묻는 주민투표에서도 이들은 상당한 성취를 얻었다. 플로리다주에서는 2026년까지 최저시급을 현행 8.5달러에서 15달러로 인상하는 주민투표를 실시했는데, DSA는 이 투표를 알리는 캠페인에 뛰어들어 60%의 찬성률로 관철시켰다. 바이든이 패배한 플로리주에서 사회주의자들은 이긴 셈이다. 이외에도 오리건주 포틀랜드시에서는 3~4세 어린이집을 무상으로 하는 주민투표를, 메인주 포틀랜드시에서는 월세 인상률을 제한하는 주민투표를 통과시켰다.

이 급진적인 젊은이들이 어떻게 의회 진출에 성공하고 급진적인 제안들을 관철시키고 있는 걸까. 이들이 버릇처럼 내뱉는 말이 그들의 방법론이다. '조직(organize)' 하는 것이다. DSA는 신앙처럼 이 말을 섬긴다. 이들은 지역사회에서 다양한 행사를 열거나 낯선 이의 집 문을 두드리고, 거기서 사람들을 조직한다. 스스로를 '조직가'라고 소개하기도 했던 오카시오-코르테스의 말은 DSA

의 강령 그 자체다. "어디든 장소를 잡고, 목소리를 높여 말하라. 문을 열어두고, 다른 사람들을 데려오라." 디지털 네이티브인 이들은 아날로그에서 더 치열하다.

선거운동조차 이들에겐 효과적인 조직화를 위한 계기일 뿐이다. 샌더스의 선거운동을 통해 만난 진보적인 사람들을 가입시키는 게 그들의 중요한 과제라고 DSA는 자평한다. 그들의 과제 달성률은 숫자가 보여준다. 2015년에 5000명에 불과했던 회원 수는 2016년 샌더스 선거운동 때 3만 명으로 폭증하더니, 2018년 오카시오-코르테스의 당선 직후 5만 명으로 늘었다. 2020년 11월 현재 그들은 8만 명의 조직가를 보유했다. 2016년에 이들의 지역 조직은 15개뿐이었지만 지금은 231개의 지역 조직이 전국에서 사람들을 모으고 있다.

이들을 끊임없이 움직이게 하는 원동력은 무엇일까. 〈뉴욕 타임스〉의 칼럼니스트 미셸 골드버그는 2018년 6월 30일 게재된 「밀레니얼 사회주의자들이 온다」라는 제목의 글에서 DSA를 취재하고 이렇게 적었다.

> "DSA의 젊은이들은 분석으로 트럼프라는 재앙을 이해하므로 희망을 잃지 않는다. … 스스로를 현재의 재앙을 피하려 애쓰는 존재로 이해하기보다는 수십 년 안에 그들이 살고 싶은 세상을 만드는 존재로 이해한다."

살고 싶은 세상이 있고 그것을 스스로 만들 수 있다고 믿으니 이들은 지치지 않는다. 그렇다. 냉정한 분석과 강렬한 소망이 있는 곳에 냉소는 싹틀 틈이 없다. 그리고 냉소하지 않는 사람들은 성취를 이룬다.

| 2020.11.10.

다른 곳을 바라보는 동료 시민들에게

지난 10여 년, 나는 끊임없이 변해왔다. 내 이야기를 하는 걸 별로 좋아하지 않지만, 내가 어떻게 변해왔는가를 털어놓는 일이 누군가에겐 응원이 될 수도 있을 것 같다.

열아홉 살 이전에는 정치와 사회에 아무런 관심도 없었다. 아니, 정확히는 냉소했다. '웃긴대학'이나 '디씨인사이드' 같은 남초 인터넷 커뮤니티 같은 곳을 드나들면서 정치와 사회에 대해 냉소적으로 떠들어대곤 했다. 아무것도 몰랐으면서도 그랬다. 부끄러운 기억이지만, '흑역사'라고 치부하며 지워버리고 싶지는 않다.

2008년, 열아홉의 나는 당시 '광우병 정국'을 고3 교실에서 지켜봤다. 그러면서 조금은 정치에 관심이 생겼다. 아주 치기 어린 방향으로. 정치를 선과 악으로 나누어 바라봤다. 정념이 생겼으되 공부에는 관심이 없었다. 시위하는 시민들을 절대적으로 옹호하면서, 이명박 전 대통령과 그의 지지자들은 무조건적으로 경멸하고 조롱했다. 지금의 내가 딱 싫어하는 유형의 인간이었다. 역시 부끄러운 기억이지만, '흑역사'라고 치부하며 지워버리고 싶지는 않다.

스무 살, 2009년. 대학에 입학한 새내기였던 나는 이른바 '입진보'였다. 운동권이 많은 학과에 들어와 운동권들과 대화를 나누면서, 또 박노자와 진중권의 글을 탐독하면서 진보적인 것의 필요성을 배웠다. 소수의 특권층만 잘 사는 사회가 아니라 다수의 시민들이 함께 잘 사는 평등한 사회가, 자본가들보다 노동자들이 대우받는 사회가 더 아름답고 인간적이라고 느꼈다. 그런 사회를 위해서 시민들의 연대가 필요하다고 생각했다. 머리로는 그랬다.

하지만 머리와 발의 거리는 멀었다. 그해에는 당대 (그리고 어쩌면 지금도) 한국 사회를 상징하는 중요한 사건들이 있었다. 용산참사로 7명이 죽었고, 쌍용차 파업 현장에서 무자비한 진압이 이뤄졌다. 용산과 쌍용차에 연대하는 투쟁 현장에 나는 한 번도 찾아가지 않았다. 한편으로는 무서웠고, 다른 한편으로는 '투쟁'에 대한 막연한 거부감이 있었다. 대단한 진보주의자인 양 입으로만 떠들어댔다.

그러다 군대를 갔다. 사회와 단절된 그곳에서 많은 생각을 했다. 가장 큰 것은 역시 부채감이었다. 불의를 지켜보면서도 아무것도 하지 않았던 나로부터 비롯된 부채감. 한편 내가 군대에 있는 동안 한진중공업 해고노동자 김진숙의 고공농성도 있었다. 군인인 내가 그를 위해 할 수 있는 일이 없어 또 부채감이 쌓였다. 그 부채감을 해소할 방법이 없어 많이 힘들었던 나는 그저 열심히 책이라도 찾아 읽었다. 온몸을 던진 실천가들의 이야기를 읽었고, 산업재해에 꺾인 청년들의 이야기를 읽었다.

그렇게 병역의무를 마치고 대학에 복학한 스물네 살 무렵에는 한없이 급진적이었다. 열정이 넘쳤다. 균형이란 걸 몰랐다. 좀 더 원론적으로 얘기하기를 즐겼고, 급진적이지 않은 생각들을 배척했다. 어떤 선을 넘어야만 한다고 믿었고, 그 선을 넘지 못하는 사람들을 은근히 조롱했다. 그러다 보니 실수가 잦았다. 사람들과의 관계 맺기에 자주 실패했다. 옳은 것만 믿고 달려나가다가 많은 걸 잃곤 했다. 지금의 내가 가장 안타깝게 생각하는 유형의 인간이었다. 하지만 그 부끄러운 기억들을 모두 '흑역사'라고 치부하며 지워버려도 될까.

대학을 졸업하고 사회인이 되면서는 내가 줄곧 서 있던 지형의 반대편에 서 있는 사람들이 보이기 시작했던 것 같다. 대학을 다닐 적에는 내가 만나고 싶은 사람들만 만나도 됐지만 사회에서는 그러기 어려웠다. 내가 선택하지 않은 사람들과 만나 내가 동의하기 어려운 대화를 나누기 시작하면서, 세상을 조금 더 통합적으로 바라볼 수 있는 균형감각이 필요하다고 생각했다. 비판하기에 앞서 (해석의 의미에서) 이해하고, 배척에 앞서 설득하는 사람이 되고자 노력하고 싶어졌다. 독단은 나의 고결함을 지켜줄지언정 당장 눈앞의 문제를 해결해주지 않으며, 내 앞의 한 사람도 설득하지 못하면서 세상을 바꿀 수는 없다는 것을 인정할 만큼은 경험이 쌓였기 때문일까. 이런 사적인 얘기들을 길게 늘어놓은 것도 이해하고 설득하는 사람이 되려는 노력의 일환이다.

내 삶이 변해온 경로들을 부끄러워하면서, 동시에 '흑역사'라고 묻어버리지는 않겠다고 다짐하는 것은 그래서다. 어느 시기의 나도 조롱의 대상으로 삼지 않는다. 내가 이렇게 변화해왔다는 것은 누구나 변할 수 있다는 뜻임을 깨닫는다. 사람이 변할 수 있다고 믿지 않는데 세상이 변할 수 있다고 믿는 것은 어불성설일 테다. 처음부터 완성된 사람은 없다는 사실을 내가 걸어온 경로를 빠짐없이 되새기며 배운다. 우리는 같은 시간을 살고 있지만 각자 인생의 시간은 서로 다르게 흘러간다는 사실을 이제는 안다.

그 어느 순간도 나는 혼자 변하지 않았다는 사실도 기억하려고 한다. 스무 살의 내가 거리로 나서기를 망설이고 스물두 살의 내가 군대로 떠나버린 동안에도 실천하기를 주저하지 않았던 스무 살, 스물두 살의 동기들이 없었다면 그때의 나를 부끄러워할 까닭도 없었을 것이다. 그들이 언제나 옳은 길을 보여줬기에 그들처럼 달라져야겠다고 마음을 먹을 수 있었다. 스물두 살의 내게는 좋은 책들도 있었다. 내가 살아가는 세상이 무엇이고 누구의 편에 서야할 것인지, 군대에서 읽은 수많은 책들이 내게 말해주었다. 스물네 살의 대책 없이 급진적이었던 내게 선배들은 좀 더 나은 길을 보여주려 했다. 그들은 나를 포기하지 않았다.

그런 관계들이 쌓이고 쌓여 나는 조금씩 바뀌어왔다. 그들이 각각의 시기의 나를 경멸해서 밀어냈다면, 바뀔 것이라고 믿어주지 않았다면, 아마 나는 그 자리에 멈춰 섰거나 오히려 정반대의 방향으로 빠르게 달려나갔을지도 모른다. 그래서 나는 나를 포기하지 않은 그들에게 감사하게 생각하고 또 그들을 무척 존경하고 있다.

나의 동료 시민들이 내게 그래준 것처럼, 나의 부족한 글들이 누군가들에게 변화의 계기가 되어줄 수 있다면 더없는 영광이겠다. 그리고 변화한 당신이 또 다른 누군가들에게 변화의 계기가 되어주기를 바란다. 그렇게 더 많은 사람들이 서로의 동료 시민이 되어줄 때, 우리는 좀 더 나은 사회를 꿈꿀 수 있을 것이라고 믿는다.